产品运营
新物种

王静秋　黄若悦　刘晓月　著

电子工业出版社
Publishing House of Electronics Industry
北京·BEIJING

内容简介

这本书藏着十年百度与阿里的产品运营心法。

书中既有BAT大厂系统化思维，又有创业公司产品运营落地实战，是十年全栈经验的浓缩。

互联网进入下半场，单一的产品或运营终将被既懂产品又会运营的超级物种取代。

如果你是产品人/运营人，且正面临职场复合复能力的蜕变，恭喜你！

本书将为你指路，成为指导你日常产品运营工作的实战指南。

图书在版编目（CIP）数据

产品运营新物种 / 王静秋，黄若悦，刘晓月著 . —北京：电子工业出版社，2020.1
ISBN 978-7-121-38196-6

Ⅰ . ①产… Ⅱ . ①王… ②黄… ③刘… Ⅲ . ①电子商务—商业企业管理—经验—中国
Ⅳ . ①F724.6

中国版本图书馆CIP数据核字（2019）第280139号

责任编辑：张月萍
印　　刷：天津千鹤文化传播有限公司
装　　订：天津千鹤文化传播有限公司
出版发行：电子工业出版社
　　　　　北京市海淀区万寿路173信箱　　　　　邮编：100036
开　　本：720×1000　　　1/16　　　　印张：13.75　　　字数：330千字
版　　次：2020年1月第1版
印　　次：2020年4月第2次印刷
印　　数：10001~16000册　　　定价：69.00元

凡所购买电子工业出版社图书有缺损问题，请向购买书店调换。若书店售缺，请与本社
发行部联系，联系及邮购电话：（010）88254888，88258888。
质量投诉请发邮件至zlts@phei.com.cn，盗版侵权举报请发邮件至dbqq@phei.com.cn。
本书咨询联系方式：（010）51260888-819，faq@phei.com.cn。

推 荐 序

互联网大潮的裹挟伴随着我们一代人的成长和思维模式的转变，纵观整个人类历史，我常常思考，互联网将在人类文明的史书中留下怎样浓墨重彩的一笔？

一万年前，人类发现了稻谷的培育方式，因此开始了围绕一方土地，互相合作填饱肚子的聚居生活，群体的力量和食物结构的优化减少了疾病对人类的威胁，推动人类历史走向农业文明。一千八百多年前，造纸技术的发明，让文明得以在低成本的介质上传播延续，而中国文明由此开始了加速奔跑的进程。二十世纪末，互联网的诞生缩短了科技与人的距离，也让人类重新审视自身的价值，产品经理在互联网服务于"人"的发展进程中起到了很大作用。正是产品经理用敏锐的嗅觉发现问题、解决问题、反复推敲"可不可以做得更好"，才推动人类科技文明在短短的二十年间迎来爆炸式飞跃，也让互联网从业者坚定了以"人"为核心的准则。

而如今，互联网产品市场参差不齐，加之流量红利消失殆尽，产品开发工作迎来重重拷问：如何让产品经理的洞察和努力不在芸芸市场中埋没，以及如何让产品运营的拉新维稳工作不浪费在一个鸡肋的产出上？这就需要产品和运营合体，只有以产品运营新物种的视角，才能让产品开发工作高效运转，全方位服务于"人"的需求。

这本书提供了产品运营的新思路，告诉新一代产品经理解决一个问题的场景、路径、触点和体验，还包括激励规则、产品策略等。作者沉淀多年，将经验化于纸上，著写这本产品运营人的手边读物，以求培养从业者兼具产品和传统运营的思维方式，并且侧重讲述了在不同的业务状况下如何设计有针对性的方案，以及为了做出有效的产品运营方案，产品运营人所需要具备的数据和成本概念、产品和营销思维等，兼具实用性和理念性。

得益于互联网的发展及一代代产品和技术人员的共同努力，我个人也在其中成长成就，找到了我愿为之奉献一生的事业：无人驾驶事业。从研究技术到研究出行方式、交通系统的优化，在这条漫漫长路上，我深知产品运营者的先行作用。我与作者相识多年，对于"人"的共识让我们在互联网行业找到了共同的信念，我们深知这一代互联网人肩上的责任已不再局限于单个产品的诞生，而是利用互联网的工具，抓住科技变革的机会，为人类谋福祉，推动人类文明再进一大步，愿每一个互联网人都愿为此分享经验，共同努力。

王劲，无人车领域领军者，百度前高级技术副总裁

前　言

2010年，互联网行业走过红利增长最迅猛的十年。

那一年谷歌退出中国，百度失去了重要的竞争对手和前进压力，成为搜索独角兽。

同年，雷军攒了7个精英组成团队，正在酝酿一件改变时代的大事，大家都在猜测，他们到底会从移动互联网的哪个细分领域切入。

彼时，微博如日中天，微信在暗地里密集开发，并于2011年上线。同年，腾讯做了一个"很艰难的决定"，从此，它们有了更开放的胸怀，将更多的流量、资源、能力开放给广大的合作方。

当时，百度、阿里、腾讯也都在做手机操作系统，企图做出中国的Android系统。在2019年的今天，我们终于看到"中国制造"的手机操作系统鸿蒙即将上线。

互联网风起云涌的2010年，我迈向互联网行业，加入百度，自此开启产品运营之路。

这些年来，伴随互联网行业的是年复一年的竞争和层出不穷的机会。虽然市场竞争激烈，流量黄金被凶残瓜分，但仍有无数掘金机会。

2010年美团成立，2012年滴滴和今日头条成立。从拼多多、快手、摩拜单车到瑞幸咖啡，创业成名天下所需要的时间似乎越来越短。

但随着流量红利的消失，巨头公司手握大量数据资源，企业的增长面临着巨大的挑战。

谁拥有更综合的视野，更多元的产品、运营、研发、生产整合能力，谁就能够更快速、更有效率地抢占市场。

在这个变革的时代，从硅谷到北京、上海、广州、深圳，我们正在经历一场潜伏的行业重塑。

那个在公司职能里产品与运营各司其职就可以在风口上为公司增长贡献一份自己的力量的时代一去不复返了。

业务的增长，越来越考验业务经营者对场景的深刻洞察能力，对用户体验完整系统的打造能力，以及对产品手段和传统运营手段的综合运用能力。

这样的综合能力，不仅仅被各种公司的管理团队逐渐重视，也逐渐成为新一代人才的招聘标准。

互联网进入下半场，单一的产品或运营终将被既懂产品又会运营的超级物种取代。

2018年年初，我离开阿里。在阿里工作期间，因为投身竞争十分激烈的O2O领域，近距离目睹了阿里产品运营人对业务问题的综合思考维度和基于目标导向的工作方式。我突然意识到，其实产品和运营工作本是一体，目标都是一样的，只是在落地执行中所选择的具体手段有所不同而已。

而在过往，由于很多公司分工太过精细，刻意区分了产品人和运营人的不同工作内容，反而使得产品工作和运营工作协作不足，也使得很多公司在达成业务目标、处理业务问题时没有综合运用产品和运营的思维和手段。

可在外界市场快速变化的环境下，所有的岗位都要有更一致的目标，更有效率的落地执行。执行方案的产品运营一体化开始变得格外重要。

尤其是在我离开阿里后，回忆起这近十年的产品、运营、市场营销和管理工作，发现那些真正四两拨千斤、格外出效果的产品运营方案，都是从产品加运营综合维度来进行思考的。而这样的思维方式和维度又恰恰是现在很多产品人、运营人所欠缺的。

于是我决定总结提炼十年产品运营心法，将真正适合未来的互联网产品运营方法献给正踏进互联网红海的新生代，帮助他们应对红利消失的巨变，成长为各大公司的抢手人才。

2015年编辑第一次和我约稿时，我就开始思考对产品运营人真正有价值的思维方式和方法论。2018年年底，《运营之光》的作者，三节课创始人黄有璨老师的一个电话响起，我们探讨了产品加运营这种综合能力的重要性，这让我更加坚定尽快完成这本书的决心。

这本书历经了长达四年时间的兜兜转转、思考锤炼，近两年时间的文稿铺垫与修修补补。还好我遇到了我的写作团队——Amy和晓月，以及知名的成都道然科技有限责任公司的姚新军老师，在大家的协助下，本书才得以在2020年的这一刻面世。

我希望，我和团队整理出来的这个产品运营方法，能在你的办公桌上有一个位置，我相信它将陪着你，度过职业生涯中需要灵感激发的日子。

这本书，有不少冗长之处，亦有些像妈妈的"碎碎念"，还请担待。有些观点，有基于时代、行业的局限性，我会在后续的实践和思考中，持续迭代产品运营方法和思维的干货。如蒙不弃，请将你的意见建议反馈给我，也请持续关注我。

这是一个伟大的时代，你我都不应该置身局外。祝你前程似锦。

目　录

第1章

/

突破边界，颠覆生存之道

流量红利没有了——这是近年来无数互联网创业者和从业者挂在嘴边的话。

"你打算怎么面对流量红利消失的问题？"这是投资人常常会追加的问题。

中小型公司的答案是：单用户价值足够高，可以支付渠道费用。

互联网巨头公司的答案是：线上的流量已经增长到了边界，我们需要去收编线下的流量。即使线上无比强悍的阿里巴巴也在大力布局线下，像盒马鲜生、菜鸟驿站、天猫小店，都是一个又一个不同场景的线下流量聚集点。携程、京东这样典型的电商公司，也开始有了线下的旅行社、零售店。

在移动互联网早期，用户的红利更像是简单粗暴的数据增长，整个市场线上用户的增量，带来了传统意义上流量的增量，只要用户在增加，流量的红利就始终存在。

那时流量红利主要在移动端渠道手中，比如应用市场、手机厂商和营业厅。彼时用户并不清楚自己需要使用什么样的App服务，应用市场、营业厅的推荐以及手机厂商的预装很大程度影响了用户使用哪个App。那是移动互联网最幸福的时期，资本不由分说地投入，谁的进展更快谁就抢夺了这个市场。那个时候也是做移动互联网渠道业务最幸福的时期，只需对上游付10元钱让手机在自己手上过一遍，过手的时候装上十几个App，就可以从一部手机上得到十几元的佣金。

随着用户使用的App越来越多，对自己想要使用哪些App想得越来越清楚，简单粗暴地把App装在用户手机上这件事情，不奏效了。

这时，运营变得日益重要。如何站在用户的角度分析使用场景，怎样基于场景去设计推广活动，如何影响用户认识并且认可产品价值，又如何将产品的核心价值突出、放大，这一切让运营的价值被更具体地体现出来。

无论如何，我们正处在一个流量红利消失殆尽的下半场，整个市场面对流量都不知所措。所有人都焦虑不安，急着探索如何支撑下半场。

虽然流量红利不在了，但单用户价值还有很大的成长空间。今天，仅仅让用户能够认识、接受、认可产品的价值已经远远不够了，传统的运营和营销手段已经很难影响、说服越来越理智的消费者。

回归产品的价值吸引用户，以更深入场景感受的产品功能影响用户，用具备传播分享特性的产品实现在用户中的传播，开始成为越来越多一线互联网公司尝试的方法。

比如，2015年，腾讯的用户体验设计团队TGideas，帮腾讯旗下的一款手游《全民突击》做了一个有趣的场景化营销。通过流量明星即将入伍的H5新闻页做创意落地，参与的用户会接到来自流量明星邀请视频聊天的请求，当用户确认接收视频聊天的请求后，仿佛就进入了直接和明星视频通话的场景。这个H5快速拉近用户与明星之间的距离，耳目一新的感受让用户疯狂地在朋友圈转发这个H5，同时吸引更多的用户参与进来。

这种风格的H5开创了营销时代的新纪元，通过海量曝光的视频聊天H5，最终借用流量明星引导粉丝下载《全民突击》手游App，达成目标。这是第一次用技术和产品手段营造浸入式的场景，而不是仅靠一个视频或者广告来不断说服用户。

从那以后，越来越多的品牌都使用了类似的套路，借助产品功能对用户形成传播和转化。美特斯邦威在2015年，牵手人气明星李易峰，以"你有16个来自李易峰的视频请求"，引导消费者下载美特斯邦威出品的App。2016年8月10日上线的"淘宝二楼"，需要用户打开"手机淘宝"App往下滑，进入"夜市"，深夜上线，早上7点消失，也是用浸入式的场景感，通过产品的改变，让深夜使用的用户产生情绪和感受的共振，诱发对商品的兴趣和购买欲。

> ❝
> 获取流量的难度提升，但用户价值的获取还有很大的空间，围绕用户价值的提升来进行框架性的产品运营工作，将成为产品运营人的基本意识和基本功。

运营使用产品作为工具，不仅大幅度提高了运营推广效率，更提升了运营深入用户内心的程度。甚至有的产品功能就是一个运营功能，为产品带来指数级的增长。

1.1 产品与运营合体，实现指数级增长

（一）以微信、支付宝红包为例

2013年11月，财付通的技术部与微信产品经理们在一场"头脑风暴"后，决定把"红包"这个创意进一步落地，来一次"逗利是"的亮相。（"逗利是"是广东话中的口语说法，即"讨要红包"的意思。）两个月过去了，2014年的1月10日，他们开始了为期十几天的"微信红包"开发。

功能出来之后，财付通的员工、微信团队的员工以及银行的一些技术人员，加入了微信红包测试的狂欢中。大家通过不断地发红包、抢红包的动作进行测试，发现问题，并提出改进意见。很快，大家就被这个功能俘获，甚至有时候抢红包的游戏可以持续到凌晨3点，以至于后来这个测试群更名为"微信红包测试狼群"。

腾讯不仅在公司内部来了一次全员内测，掌舵人马化腾，也邀请企业老板测试"抢红包"功能。马化腾在一个群里发了内含50个随机红包的链接，人均20元左右，中石化的孙维跃和广厦集团的楼江跃都领到了红包，香港创意服务有限公司的总经理罗绮萍也在腾讯微博上晒出马化腾在微信上发给她的188元红包。

在马化腾发红包内测后的两天，2014年1月28日下午，"新年红包"的图标第一次出现在微信"我的银行卡"界面中，6亿多用户可以直接进入微信红包的页面开始发红包。从此以后，微信红包一发不可收拾，成为微信支付近几年最重要的战役转折点。

2014年1月30日，除夕夜零点时分，微信红包迎来了它的第一个高峰，5分钟内有58.5万人次参与抢红包。从除夕到大年初一16点，参与抢红包的用户超过500万人，总计抢红包7500万次以上，领取到的红包总计超过2000万个，平均每分钟有9412个红包被领取。

2015年2月9日，微信放出大招。微信用5000万元拿下春晚摇一摇的节目，借助

春晚这个大IP，用春节发红包这个熟悉的场景，与全国人民互动起来。2015年2月18日，春晚主持人一句"大家拿起手机，摇一摇拿红包"的串词，引发5分钟之内摇出3600万个红包，同时，每个抢到红包的用户，还可额外领取多个"红包"分享给好友，让大家共同讨个好彩头。数据显示，在全民抢红包时段（22:32至22:42），共计发出1.2亿个红包，微信支付功能的用户数量一下冲破1亿人大关。

继2014年春节"一包走红"、2015年春晚曝光后，每逢节日发微信红包已逐渐成为一种全新的用户习惯和文化现象，微信红包的收发数量也在一路飙升：

2014年除夕夜红包收发总量为0.16亿个；

2015年除夕当日微信红包收发总量达10.1亿个；

2015年2月18日20:00至2015年2月19日00:48，春晚微信摇一摇互动总量达110亿次；

2015年5月20日微信红包收发总量为4亿个；

2015年6月1日微信红包收发总量为5亿个；

2015年8月20日，中国传统七夕节，全天微信红包收发总量达14.27亿个，突破2015年除夕的10亿个峰值；

2015年中秋，微信红包的收发总量则为22亿个，比2015年除夕的两倍还要多；

……

2019年2月4日，除夕至初五的红包使用人数达8.23亿人。

微信红包功能自身就是社会化营销思路和支付功能的联合生命体，具备支付功能的基本金融属性，同时也具备与社交网络息息相关的营销属性。

在微信红包上线之后，基于红包随机特征的娱乐性，又延伸出各种各样的话题。不少人在群里玩过领最大红包的人接龙发红包的游戏，也有在年会时苦苦期盼老板发出大红包，结果只领到两毛钱这样捶胸顿足的经历。微信红包的上线，快速将微信群里开通了微信支付的人变成这个功能的传播者，引发病毒式传播效应。甚至可以说，由于微信红包的上线，一些长辈才开始使用移动支付。

可以想象，如果当时的微信红包只是和线下发红包的场景一致，一定无法带来这么大的用户体量。

看到这里，你是否想起另一个做红包和支付的品牌——支付宝红包。支付宝红包的上线是否也是一个从运营角度出发的产品功能？

2016年，支付宝砸下2.69亿元拿下猴年春晚的赞助权。支付宝红包拿下赞助权并且借力春晚IP，逻辑和微信红包基本一致，将已有的功能加上基于社交关系的营销路径，搭载春节这样一个超级场景做支付功能和红包功能的推广。

支付宝推出的互动活动是我们众所周知的集五福卡。通过百度指数、艾瑞咨询的数据，以及微信和支付宝自行发布的数据可以看到，微信红包给微信带来的搜索指数增长是支付宝红包远远无法比拟的。

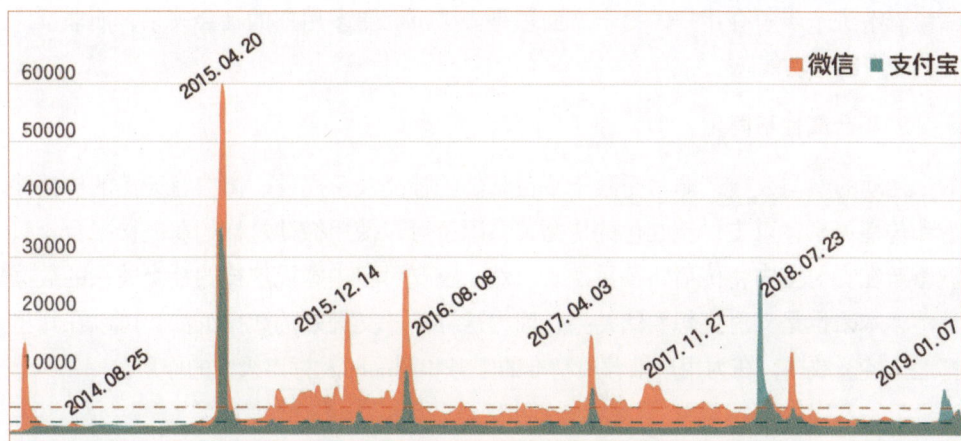

微信、支付宝搜索指数增长数据图，数据来源于百度指数

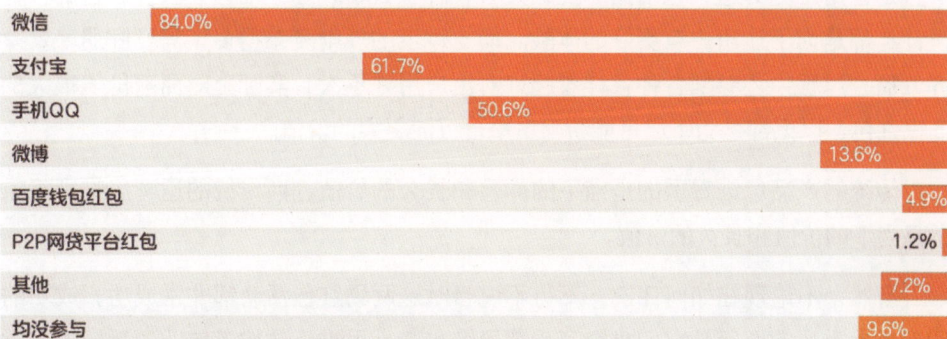

2016年春节网络红包活动参与数据，数据来源于艾瑞咨询

从双方各自发布的数据可以看到，微信有4.2亿人收发红包，支付宝有大约1.3亿的用户将福卡发给家人朋友，有11亿对好友结为支付宝好友，最终只有79万人领到支付宝发的红包。支付宝凭借好友结对增加识别了5.5亿个两点关系，假设每一个人借由集五福的活动增加三四个好友，差不多有1.8亿左右的用户参加该活动。

微信和支付宝的用户基础差异并不大，但为什么支付宝红包和微信红包的差异如此之大？主要有3个原因。

1. 活动目标不同

当时微信支付与支付宝相比更为弱势，通过红包功能可以快速获取微信支付用户的增加。而支付宝在支付用户领域已经非常强势的情况下，采取对策的目的未必是为了增加支付用户的数量，而是一种面向竞争对手的做法，一方面避免竞争对手借势春节进一步争夺用户，另一方面也是为了沉淀更多用户的社会关系，而非推广支付或者红包功能。

2. 平台属性不同

活动的参与人数，非常受限于平台基础的社交关系属性。微信有天然的传播渠道和传播关系，可支付宝红包的传播关系除了可以使用微博这样的弱链接平台，只能重新在支付宝内将传播路径重建。当然，在支付宝内建设这样的社交关系的数据沉淀，本来也是支付宝想要的结果，因为这样的社交关系的数据沉淀，可以在阿里打通全链条数据，在为用户推荐更精准的服务和商品时发挥出极大的作用。

3. 思维倾向不同

腾讯是典型的产品思维，阿里则是典型的运营思维，所以微信红包的活动设计一直是让用户更舒适，包括摇一摇直接看春晚节目单、摇一摇直接获得红包的种种设计，都是为了让用户有更好的体验。而支付宝的规则复杂得多，需要呼朋唤友凑齐五福，过程中还穿插各种各样看起来对用户用处不大，实际上对商家价值很大的商家红包，以上都是为了尽可能给阿里平台沉淀更大的价值。

传统的产品思维看重的是当下的体验和长久的价值，而传统的运营思维则看重的是当下的价值和长久的价值。

当然，不论现在如何评说，不得不说当时这两场红包活动都非常成功，成功的背后最为重要的原因是它们贯穿了运营思维和产品思维，达成各自业务目标的同时也引发了全民关注。

（二）以天天P图为例

还有一个把运营思维和产品思维贯穿得非常好的案例——天天P图。它是腾讯出品的全能实用美图类App，包括美化图片、自然美妆、疯狂变妆、魔法抠图等模块。它的核心功能是按照用户自己的心意，对自己的面部进行修饰，还可以通过魔法抠图把照片放到任意场景里，打造用户满意的美颜效果。

2016年6月1日，天天P图踩上儿童节的热点，"小学生证件照"刷屏各大社交平台，短短几天，获得上亿人次参与，活动上线24小时内，冲到了App Store总榜第一。

扫码感受"我的小学生证件照"

2017年，天天P图携手人民日报客户端，发起"军装照"活动，以往的活动老人群体很少参与，而军装照这个活动把老人群体也调动起来，几乎全民参与，创造10亿PV，1亿UV的惊人数据量，人民日报因此将"军装照"活动申请了吉尼斯世界纪录。

2018年5月4日，天天P图发起"我的前世青年照"活动，点击"立即穿越"，然后上传清晰正面照就能一键生成专属的前世青年照，在这个文化势能的带动下，又成为一个刷屏级的营销案例。

扫码感受"我的前世青年照"

为什么天天P图每年都有引爆刷屏的活动效果？

（1）如此有趣的场景并非一次性活动，而是天天P图中的一个贴纸功能，用户下载App后可以长期使用，活动只是为天天P图的贴纸功能选择了一个主题，营造了一个传播的场景。

（2）有趣的照片本身就抓住了用户炫耀的心理和想要分享的动力，选择在具有文化势能的时间节点和分享欲望放大的场景里发布，用户把自己带入场景，感受被无限放大，从而形成自传播。比如，六一儿童节，用户总想找点什么老照片纪念一下，天天P图发布了"小学生证件照"；建军90周年，携手人民日报发布军装照；五四青年节带用户穿越。

在天天P图之后，也有无数照片类软件因为效仿天天P图的推广方式取得了不错的效果。推广营造出来的场景与产品深度结合，加上在正确的时间节点选择好的创意，使用户沉浸在场景内，为产品带来了爆发式的流量增长。

不论是微信红包的成功，还是天天P图的成功，都是将产品与运营的结合发挥到了极致。将产品功能和自带话题的场景进行深度结合，诱发对产品功能进行了体验的用户沉浸之后进行转发和传播，借此获取用户量的增长。

1.2 成为产品运营新物种

> 产品与运营合体将成为企业战无不胜的增长黑客。

今天，用户量不再只被当作一个简单的数据，只要通过渠道就能触达和影响用户，获得快速增长。用户已经成为一个更加鲜活的个体，有血有肉，有喜欢的和讨厌的，对产品有欣喜也有忍耐。

从流量红利转向用户红利，我们需要从简单粗暴的流量漏斗角度，回归到以业务目标为出发点的角度。

流量红利的消失，不仅对用户的精准触达和深度运营提出了更高要求，同时也对企业运转效率提出了更高要求。

如何调动多元的能力来影响用户，最大限度地提高用户复购率、转介绍率和客单价，成为每一个公司、每一个业务负责人真正应当思考的。

我们只有更好地满足并超越用户的需求，让用户产生复购、自发传播，才能在用户身上获取更多的价值，交付更多的服务。

传统的运营注重短期的利益回报，传统的产品注重用户体验，而产品运营新物种岗位上的人需要在更长的时间周期和业务目标下，进行更系统地思考。

> **产品与运营合体将成为企业运营的基本要求，哪个企业先意识到这一点，哪个企业就拥有了增长红利。**

未来，好的产品人要懂运营，好的运营人也要懂产品。懂产品、品牌营销、数据、成本，是未来产品运营新物种这个岗位不可缺少的技能。跨越职能边界，产品与运营合体才能成为战无不胜的新物种。

产品运营新物种，是以用户为导向、以业务目标为导向的两种目标导向的合体。运营拥有对效率、投入产出比的敏感，产品拥有对工具化、自动化、规则化的倾向，两者合体将最大程度平衡好用户的体验和业务自动化的需求。

产品运营新物种，是产品人与运营人成长的必然结果，也是未来最受企业追捧的岗位。

所以可以看到，这样的新物种岗位已经在那些愿意尝新的公司生根发芽，岗位的名称可能叫用户增长、商业变现、老用户活跃、增值服务、用户体验或者叫产品运营。

下面以2018年罗辑思维正在招聘的用户增长岗位要求为例进行分析。

岗位职责：

（1）通过数据分析，对内构建得到用户的分层体系，并制定相应的精细化运营策略；（数据能力）

（2）通过数据分析，对外探索关键有效的渠道以及用户新增方法并持续优化；（渠道能力，策划能力）

（3）分析不同用户的生命周期和行为特征，建立转化漏斗，优化用户的激活、使用、活跃、付费、复购、分享等；（产品能力）

（4）提升现有用户的分享，利用口碑转介绍获取潜在用户。（场景策划能力，用户体验优化能力）

职位要求：

（1）有用户运营、用户增长、数据分析工作经验者优先；

（2）具备很强的数据分析和定义问题的能力，能够发现问题并解决问题；

（3）具备出色的服务意识和沟通协调能力，能够组建并管理团队、协助他人成功；

（4）能够承担较大的工作压力和责任。

罗辑思维团队对用户增长岗位的要求，正是跨界了传统运营人和产品人的要求。一个公司对人才的要求在哪个维度上，人才就会在相应的维度上产出结果。

腾讯在产品和运营的结合上走在前沿。前文提到引爆朋友圈的手游《全民突击》的H5、天天P图的H5均出自腾讯。

其实从腾讯的产品运营通道能力素质模型也可以看到，除了所有公司都要求的学习能力、执行力、沟通能力、心态和情商等基础能力以外，以产品见长的腾讯还加入了行业融入感、"把产品当自己孩子"的主人翁精神，与此同时，对专业知识和专业技能板块的要求更是需要产品+运营双管齐下。

在积累中不断总结提炼，形成普遍性解决方案，起到指导及示范性作用，并加以推广应用；在工作中主动帮助他人提升专业能力或者提供发展机会，帮助他人的学习与进步；主动将自己所掌握的知识信息、资源信息，通过交流、培训等形式分享，以期共同提高（领导力）。

看到这密密麻麻的能力要求，你心里是否打起了鼓？别怕，如果你有志走上这样一条富有挑战的产品运营成长之路，寄希望于企业可以构建这样的产品运营团队，那我要恭喜你，这本书是帮助你突破边界，拥有复合能力的绝佳选择。

相信当你认真读完产品运营画布与渠道流量工具以及不同思维的拆解，将得到真正的进化与蜕变。最终，获得从存量市场寻找业务破局点的核心技能。

通用能力	**基本素质**	学习能力	通过计划、任务和资源的整合运用，顺利达成工作目标
		执行力	完成预定目标及任务的能力，包含完成任务的意愿，完成任务的方式方法，完成任务的程度
		沟通能力	有效传达思想、观念、信息，把握对方意图，说服别人，让他人接受自己的观点或做法
	关键素质	行业融入感&主人翁精神	热爱互联网行业，"把产品当作自己的孩子"
		心态和情商	积极主动面对困难及压力，以开放的心态迎接变化和挑战，并推动问题的最终解决
专业知识	**关联知识**	技术知识	了解与产品相关的技术实现原理及其表现形式，能够就技术方案与技术人员进行有效沟通，具备技术实现的成本观念
		项目管理	通过流程规划、时程安排、任务和人员的管理以及资源的整合运用，顺利达成项目目标
		其他知识：财务、心理学、美学、办公技能等	能综合考虑并有效应用相关知识为产品服务
专业技能	**产品能力**	产品规划：版本计划/节奏	准确把握用户需求，进行优先级排序，明确版本规划，通过迭代实现产品目标
		专业设计能力	依据用户使用场景，使用相关专业领域的知识、工具和技巧，设计出满足用户甚至超出用户预期的功能特性
	市场能力	市场分析能力前瞻性	对行业情报、竞争对手动态和用户变化进行掌握和分析，确定产品的市场地位，掌握竞争格局，预测市场变化，确定战略战术
		对外商务沟通（BD/P3以上）	理解合作方的利益点及自己可提供的资源，通过一定的谈判技巧，形成共赢的成交方案
	运营能力	运营数据分析	通过设计数据指标体系，进行数据的收集和分析，挖掘潜在规律和问题，以优化产品和支撑决策
		市场营销：品牌/公关/推广	根据目标用户、产品特点及品牌塑造需要，进行营销及公关策略的制定和执行，以实现有效传播、危机化解、产品目标达成
	客户导向	渠道管理	开拓和维护用户或内容的来源渠道，优化渠道结构，形成渠道合力并规避风险，建设利于产品发展的优质渠道体系
		市场/用户的调研与分析	主动通过各种渠道了解用户反馈，掌握一定的调研方法，持续优化产品
组织影响力	**领导力**	知识传承	在工作中主动帮助他人提升专业能力或者提供发展机会，帮助他人的学习与进步
		方法论建设	从工作积累中不断总结提炼，形成普遍性解决方案，起到指导及示范性作用，并加以推广应用
		人才培养	主动将自己所掌握的知识信息、资源信息，通过交流、培训等形式分享，以期共同提高

腾讯产品运营通道能力素质模型图，信息来源于腾讯

第2章
/
产品运营画布

相信读者一定对流量、转化率、客单价这三个词非常熟悉，因为很多和运营相关的公式都会用到它们，比如：收入=流量转化率×客单价，似乎从这三个指标，就可以参透在运营里要做的很多事情。

今天，这个公式仍然在渠道运营工作中发挥着重要的作用，它可以有效地评估渠道合作的潜力，并从最终收入的视角去评估每个环节的提升空间。比如某个渠道的转化率特别高，就可以帮助我们判断这个渠道的用户非常精准；某个渠道的客单价高，就说明这个渠道带来的用户是整个用户大盘中偏金字塔顶端的。

"收入=流量转化率×客单价"这个公式所给出的是单一维度框架，虽然可以帮助初级运营人员更全面地理解业务的各个环节，但却没有办法给中层骨干一套系统、全面的产品运营方案，也没有办法洞察业务的根本问题。就像很多时候转化率出问题，其根源不一定是转化率的每一个环节做得不够优化，或者渠道来的流量不够精准，而是引导用户使用产品的路径发生了根本性的问题。

大家知道，随着流量红利时代的终结，如果仍然以流量作为出发点去思考如何做转化、如何拉高客单价，已经找不到破局的方法了，毕竟流量从哪里来都成了问题。

以流量、转化率、客单价这三个指标分析和拆解业务，就像以身高、体重来衡量女生是否足够漂亮一样。即便把流量、转化率、客单价这三个指标拆解得足够细致，不断向下透视，找到了更细节的影响这三个指标的问题，还是会发现这只不过是治标不治本的业务动作。转化率或许可以拆分成用户转化的多个环节，但可能这每个环节的存在都是问题，因此我们已不能单独看待流量、转化率、客单价这三个指标（三要素）了。有没有一个有效的运营手段能够打透这三要素？有没有一个有效的方法和工具可以帮助我们跳出固有的流量、转化和客单价维度去思考业务最本质的问题，并设计出一套全面系统的影响业务增长的方法，是这本书想给出的答案。

产品运营画布与渠道流量工具，可以帮助我们发现本质问题，找到破局点，建设系统解决方案。

2.1　产品运营画布九要素

产品运营画布是由：场景、路径、触点、频次/时长、转发、客单价、体验、激励规则、产品策略这九个要素组成的。场景、路径、触点是起点，频次/时长、转发、客单价是终点，体验、激励规则、产品策略是起点和终点之间的桥梁。

> **"**
> 用场景、路径、触点、频次/时长、转发、客单价、体验、激励规则、产品策略织网，让用户沉浸其中。

"我们"在哪里，基于用户的使用场景，梳理出用户的路径，然后找到用户的触点。其次，要想清楚在每一个节点上，"我们"到哪里去？业务目标到底是提升用户的频次/时长，还是提升用户的转发量，或者是提高用户的客单价，即便都想提升，也总有一个最重要、优先级最高的目标。在清晰地定位了业务的目标之后，需要知道"我们"如何去？即如何提升用户的体验，设计一系列激励规则以及产品策略解决方案，以此来形成对用户的影响。

"我们"在哪里？　　　"我们"到哪里去？　　　"我们"如何去？

路径　场景　触点　　频次/时长　转发　客单价　　激励规则　体验　产品策略

产品运营画布图

产品运营画布是产品与运营的跨界方案，是在产品思维、成本思维、数据思维和营销思维的支撑下共同输出和完成的方案。它不仅要包含传统意义上的运营工作内容——内容策划、活动策划、新媒体运营、用户转化路径设计等，同时也要包含传统意义上的产品工作内容——产品规划、产品设计与产品落地。产品运营画布这套综合方案是围绕着体验、激励规则、产品策略这三个重要的方向设计的具体执行方案。

虽然用户的使用频次/时长、转发量、客单价，在很多公司都是运营岗位背负的KPI，但是这个KPI需要通过产品工作和运营工作合力才能找到最优解。

在产品运营画布中，为什么选择频次/时长、转发、客单价这样三个目标来作为产品运营方案的目标重点呢？

频次/时长： 随着互联网行业粗放管理时代的结束，大家都发现，流量独立来看并没有价值，流量只是累积用户的过程指标。并且，仅仅看用户的累积也没有价值，因为用户的累积也只是用户活跃行为的过程指标。只有用户和产品/服务不断发生交互、浏览、购买、使用的行为，用户的累积才有意义。**活跃用户数 × 每个用户的活跃行为数=活跃用户行为。** 累积活跃用户的行为，才能为企业贡献收入和数据价值。而用户的活跃行为体现在访问频次上，也体现在访问时长上，所以选择频次/时长这个指标作为重点目标。

转发和客单价： 当用户活跃行为的持续累积成为产品运营方案的重点目标时，我们应该关注的是用户行为累积后，希望用户带来的价值是什么。用户能够带来的价值简单来说有三种：

（1）数据累积的价值，可以让我们的商业更聪明，提升用户的频次/时长能做到这一点。

（2）用户带来新用户的价值，将这个目标明确为转发量。

（3）用户持续带来收入的价值，将这个目标明确为客单价。

为什么不以收入为产品运营画布中的目标，反而选择客单价呢？因为以收入作为目标，就像我们以寿命更长作为目标一样，实现更长的寿命，是需要通过更具体的目标设定来实现的。收入的不断提升是所有企业的终点，如果在产品运营画布中我们以收入为终点，这就是目标上的一句废话，谁不知道要提高收入呢？关键问题是收入怎么提高，以什么节奏才能真正做到持续增长？而收入获取的节奏，就体现在不同业务阶段，分别选择哪个指标作为优先级最高的重点指标。

产品运营画布是基于对产品运营工作的系统化理解，为传统产品工作和运营工作形成合力设计的工具。未来产品工作和运营工作的边界会越来越模糊，甚至合二为一。

2.2　产品运营画布九要素详解

2.2.1　场景：用户在不同的情境下开始使用产品和服务

从场景的角度思考，用户有哪些不同的人群、不同的情形、不同的心境、不同的需求，可以帮助我们梳理用户的需求是否已经被榨干了。从场景角度的思考包含了不同的用户人群、用户需求的高频和低频、用户需求的时点和细节，以及用户对满足这个需求的强烈意愿。

> "
> 要想榨干用户需求，就必须对用户使用场景进行充分梳理。

案例1：地图

拿地图工具来举例。以往，我们在使用地图的时候，基本上只有两种场景：1.查询目的地有多远；2.需要去某个目的地，希望通过导航规划出一条路线。

自从高德地图打通了各种各样的打车软件之后，部分用户发现高德地图打车比所有打车软件都快，这就衍生出了第三种场景：用户在需要打车时，打开地图这个产品。高德地图想提高活跃度，在丰富用户使用场景上找到了突破口。

找到这个突破口的方式，很有可能就是高德地图在梳理用户的使用场景时，发现存在这样一种场景——用户在打车前或者打车过程中会用地图查询一下距离和时间，于是，为了占领这个场景，提升用户的活跃度，高德地图选择了以新的产品能力来满足用户在这种场景下的需求。

以产品运营画布的方法为基础，如果要提升用户活跃度、转发或客单价，就需要思考场景有没有可能更丰富，场景中有没有可以深度运营和挖掘的维度。当这些有话题、有需求、有传播度的场景被一一运营起来，提升用户频次/时长、转发、客单价的机会也就相应地来了。

案例2：搜索引擎

关于场景到底是什么，我们以搜索引擎为例进行讲解。使用搜索引擎时用户是什么场景？

着急找答案时，可能有两种情况：

- 好奇一件事情的始末。比如某明星绯闻，好像很多人在传播，但是搞不清楚到底是怎么回事，想了解整个过程，就去搜索引擎上搜一搜。

- 搜索信息和论据。需要解决一些问题，且这个问题相对专业的时候，就要去搜集一些信息和论据。

上面这两种情况，只是用户的需求和情境，要梳理场景，还需要梳理用户在什么样的时间下产生了这样的需求，所以以上需求加上时间点才是用户使用产品的场景。这个时间点可能是：

- 热点新闻发生时

- 工作时间段

- 节假日

用户的需求加上不同时间点，就构成了用户使用这个产品的场景。当用户着急找一个答案时，不论是好奇一件事情的始末，还是搜索信息和论据，在刚好有某个热点新闻的时间点，还是在工作时间段搜索、节假日搜索，都是不一样的场景。

像百度这样一家技术极客范儿的公司，也围绕不同场景做过运营动作。比如有热点新闻时，用户鼠标刚刚进到搜索框，就会给用户推荐今天的热点新闻。在工作日进行搜索，会推荐工作相关的内容，便于用户快速搜集信息和论据。在节假日或者特殊的日子，百度会设计一些让用户尖叫和惊喜的Doodle来匹配这样的场景，Doodle就是搜索框上面的百度红蓝标的变身，2018年百度Doodle以每10天换一场新装的速度与用户见面。

案例3：外卖

除了地图和搜索引擎，还有一个我们都很熟悉的场景，就是点外卖。用户使用外卖平台，一般也有三种常见场景：

- 工作日，想随便吃一个便饭。

- 周末起床晚了，懒得出门和做饭，想吃一顿好吃、不凑合的饭。

- 朋友聚餐，做不出那么多饭菜，点外卖撑场面。

围绕着这些不同的场景、不同的需求，叠加上时间形成的场景，完全可以对应出不同的产品运营动作。比如工作日，快到12点时，用户打开外卖平台，平台自动把送餐速度快的餐厅和用户常点的餐厅排在前面，并告诉用户大概需要多少时间可以拿到餐。

在晚上打开外卖平台时，平台推荐给用户类似于烧烤之类的夜宵产品。在周末时，外卖平台盘点附近哪些餐厅适合聚餐、闺蜜聚餐必点菜品等。

其实梳理出用户的不同场景，也就自然而然延伸出了各种可以规划的产品运营方向。

案例4：亚朵酒店

亚朵酒店作为一个连锁酒店品牌，品质有保证，并且一二线城市的市中心位置都有门店，价格实惠。选择亚朵酒店的用户一般有两种常见需求：出差和旅游。

出差和旅游这两种场景，具体有什么不同？

出差的用户来去匆匆，希望早餐齐全且能快速搞定，同时希望房间里有畅通的网络和舒适的工作台。而对于旅游的用户来说，可能是希望早餐能吃到更多的特色小吃，等等。

关于时间点上的差别，出差的用户通常是工作日早出晚归，酒店登记的时间点也很有可能是晚上，而旅游用户通常是节假日出行，酒店登记的时间点可能是任何时间。

需求的不同与时间点的不同，构成了不同的使用场景。在亚朵酒店，让我比较难忘的经历有两次。一次是我在南京出差时，选择了一家市中心的亚朵酒店，在匆忙离店的傍晚，酒店服务员递给了我一瓶矿泉水让我带在路上喝，当时我刚好忙了一天没喝水，服务员此时递给我的一瓶水，让我的满意感得到了高强度的放大。

另一次是我去西安旅游时，选择了当地一家离旅游景区比较近的亚朵酒店。

旅游的用户一般会连续住几天，在亚朵住宿期间，我每天进房间时，都会看到服务员摆放的小礼品，让人有耳目一新的感受。当时我正好处于生理期，一天外出回来时，看见服务员在桌上放了暖宝宝，并且写了一张明信片，提醒我要照顾好自己，这也让我的满意度得到了高强度的放大。

其实在不同场景下，用户有很多种不同的需求，有些需求在用户的潜意识里，并不是由酒店来满足的，可正是因为酒店超出预期地满足了用户的需求，所以用户的体验感就被无限放大了。当然，设计这些体验感的基础是能够梳理出这样的场景。

那么，如何更清楚地梳理场景呢？可以分为两步：第一步是梳理用户都有谁，第二步是梳理需求都有哪些。梳理完用户都有谁，以不同的用户加不同的需求，就可以得出不同的场景，以前文的亚朵酒店为例：

（1）用户都有谁：出差的人，来亚朵酒店开会的人，旅游的人。

（2）需求都有哪些：舒服的睡眠环境，快捷营养的早餐，快速高效的入住和离店流程，在房间里开会、办公、接待朋友/客户，能吃到当地的特色小吃，晚归回到房间很有安全感。

于是用户和需求相加，就延伸出来了一些场景：

（1）出差的人在晚上需要舒服的睡眠环境，早上需要快捷营养的早餐，如果能吃到一些特色小吃就更贴心了，完美结合差旅和生活，入离店时需要快速高效的流程，在房间里开会时信号好、能隔音，方便随时记录会议内容，还能在酒店接待朋友/客户，凌晨加完班回到亚朵房间，有一些让人有安全感的微光。

（2）早餐来亚朵酒店开会的人能够方便地就餐，不会因为没有住店，就影响找开会对象一边吃饭，一边谈论工作。酒店布置也不会让来开会的人在房间里特别尴尬，提供了适合开会的空间，同时还能点酒店的当地小吃招待开会对象。

（3）来旅游的人，晚上需要充足的休息才能保证第二天开开心心出去玩。能不能快速吃一顿快捷营养的早餐对客人来说十分重要。入住和离开酒店的手续越简单越好。另外，酒店里倘若可以吃到或买到当地特色小吃就更好了。如果玩得太晚回到酒店，也不用担心，有让人安心的亚朵员工在等待。

所以当站在场景这个维度思考时，能从更本质的层面帮助我们梳理出用户都有谁，用户想要的服务都有什么，这些服务的价值可以以什么细节体现，在不同的时间点可以呈现哪些不同的模样。

2.2.2 路径：用户在不同情境下，使用产品和服务的路径有哪些

路径来源于场景，但不仅仅是场景，路径是更细颗粒度下的场景，是用户进入场景的通道。

在梳理路径时，会存在这样一个矛盾点，用户在平台上的路径如果越长，我们对用户可以形成影响和说服的环节就越多。可是用户选择产品服务的路径太长，就有可能在路径中流失，毕竟每增加一个环节，用户流失的可能性就增加了一分，所以在产品运营工作中到底基于场景要将路径设计成什么样，需要我们做好平衡。

案例1：搜索引擎

顺着前面谈的搜索引擎来谈谈用户的路径。不妨一起来理一理用户在百度的路径：

输入搜索词 → 出现搜索结果 → 点击搜索结果 → 浏览网页 → 关闭网页

百度搜索路径（一）

这看起来是一条完整的路径，但它只是最简单的路径。因为过程中还会出现两个岔路（不是全部的岔路）。可能用户原本只对某件事情感兴趣，搜索完了之后却发现搜索了十件事。所以在路径中，还会有输入关键词之后，搜索引擎推荐搜索热词，然后点击搜索热词，搜索热词出现了搜索结果，于是又走了一遍刚刚的路径：点击搜索结果→浏览网页→关闭网页。

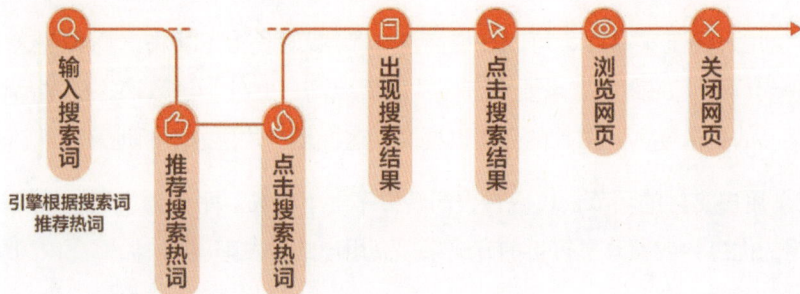

输入搜索词 → 引擎根据搜索词推荐热词 → 推荐搜索热词 → 点击搜索热词 → 出现搜索结果 → 点击搜索结果 → 浏览网页 → 关闭网页

百度搜索路径（二）

如果用户对搜索结果不满意，通常会点击更多搜索结果，于是出现更多搜索结果，看完更多的搜索结果后，用户仍有可能不满意，还有可能又进入了查看推荐搜索热词的路径。

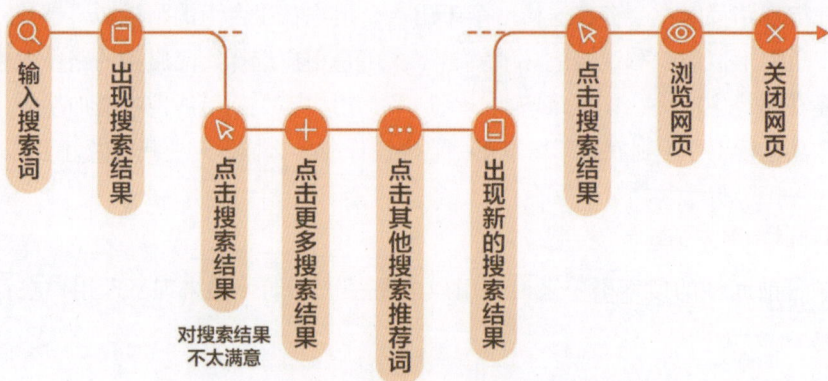

百度搜索路径（三）

不知你是否有过这样的经历——比如想搜马云，搜索结果的页面底部会推荐搜索马云加上另一个人的名字，你点进去，出现一些新的搜索结果，于是就愉快地开始浏览这些新的搜索结果，这是一个典型的用户在某一个场景下的使用路径。

案例2：外卖

除了搜索引擎，前面也提到了外卖平台的场景。对于外卖平台来说，用户比较典型的路径有两类：

以产品运营方法论的角度来看，找到了路径，就找到了可以影响用户的落脚点。比如外卖：

（1）用户浏览菜品时，可以在提高浏览频次/时长上下功夫。要实现这一点，首先，外卖列表上的商家数量要多，图片品质要高；此外，进入商家的菜品详情页面后，菜品的数量要多，图片的品质也要高，这样用户才愿意不断地来。

（2）用户支付的环节，可以在提高转发率上下功夫。平台通常通过转发领取下次可使用的优惠券或者分享打折的方式来提高用户的转发率。

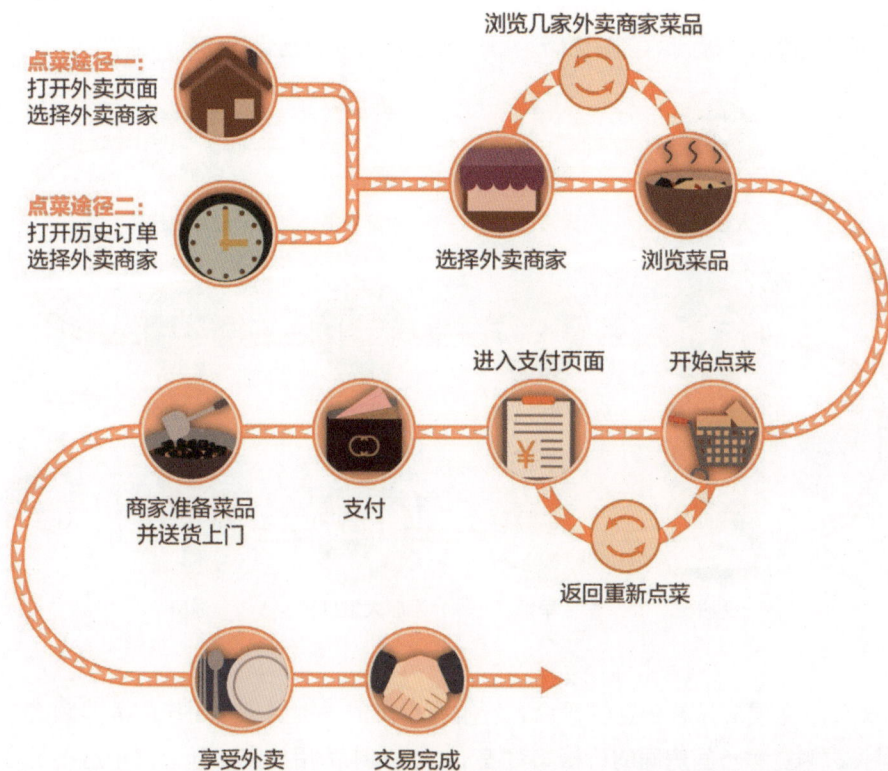

外卖点餐路径

（3）用户点菜时，可以在提高客单价上下功夫。比如当用户进入商家点菜的时候，有满49减5元、满50减10元之类的满减活动，在用户原计划的订单金额和满减金额门槛差距不大的情况下，用户大概率会凑单达到满减活动的门槛，这样就可以带来客单价的提高。

同时，用户享受外卖的过程也是一次提高用户体验的机会。因为用户体验感好，就更愿意持续在这个平台上购买外卖。

所以我们会发现，现在外卖商家做得越来越精致，拆外卖的过程就像拆一个精心包装的礼物，这份精致的背后不仅仅是外卖商家独自努力运营的结果，外卖平台也在从各个角度帮助他们，像很多外卖商家的包装盒、勺子、筷子等包装都是向美团、百度糯米、饿了么等平台定制的高品质餐具。

案例3：亚朵酒店

再来说说前文提到的亚朵酒店。用户在亚朵酒店的典型路径是什么？

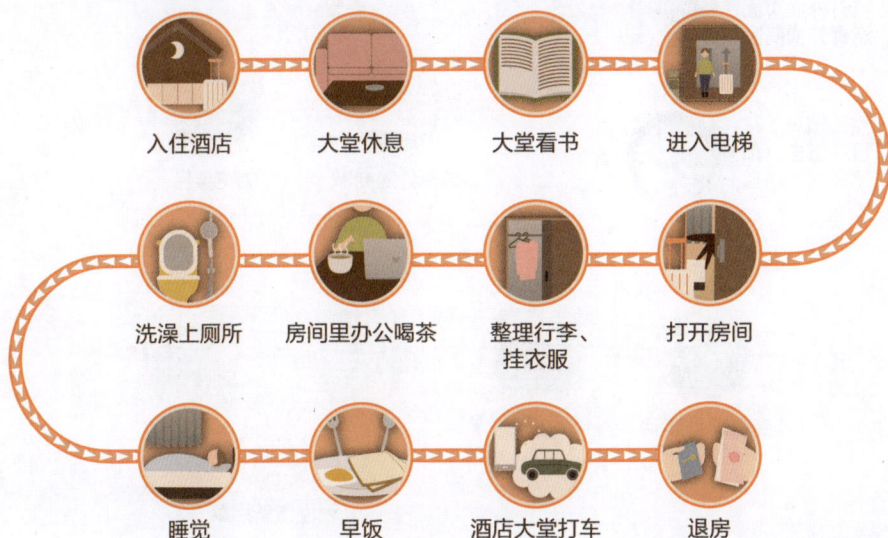

入住酒店 → 大堂休息 → 大堂看书 → 进入电梯

洗澡上厕所 → 房间里办公喝茶 → 整理行李、挂衣服 → 打开房间

睡觉 → 早饭 → 酒店大堂打车 → 退房

亚朵酒店路径

对于亚朵酒店这样的连锁酒店，影响客单价的关键因素是用户的消费频次和消费时长，毕竟每一间房间的价格相对固定，让大床房用户突然升级豪华房不是客单价提升的可行方向。

所以，亚朵酒店的目标落脚点是用户的使用频次/时长以及用户的转发。当然，真正影响用户使用频次/时长的是当用户有订酒店需求的时候，优先选择亚朵酒店。

针对用户的转发，围绕整个目标最优的解决方案是运用一系列的产品手段和运营手段，极大地满足用户的体验，让用户对亚朵的满意度远远超出预期，即使用户不一定发朋友圈点赞亚朵酒店的服务，也一定愿意将亚朵推荐给朋友，并且再次订购。

所以，亚朵酒店在服务用户的路径上，做了一系列的精心设计来提升用户体验。比如前文提到的，我在打开房间的瞬间看到酒店服务员留的暖心明信片和暖宝宝，比如用户在酒店大堂时不论是否入住，酒店大堂的服务员都会递来一杯茶水，比如在早餐能吃到形形色色的本地小吃，又比如在离店时，前台递给你的一瓶矿泉水。

2.2.3　触点：在不同场景和路径下，用户能够形成感知的触点

触点来源于路径，可触点不仅仅是路径。触点是路径更细颗粒度的维度，是用户在使用产品服务的过程中停下来的环节，是用户能形成感知的关键节点。品牌与用户就是在这些触点上不断交互，向用户传递信息，传递服务，传递品牌的感知。

在这些触点中，并不是每一个触点都有运营价值。在一条路径上，一定只有少数几个触点是关键触点。这些关键触点是用户特别在意的环节，会主动判断优劣、获取信息的环节，也是用户对品牌形成认知的环节。

> "
> **别把功夫放在无效触点上，找到核心触点，是说服用户的最短路径。**

我们要在这些关键触点上投入极大的资源和关注度，使用体验+激励规则+产品策略来放大这个触点的效果。

案例1：外卖

比如前面提到的点外卖，对于外卖平台而言，路径中的触点很多，包括打开外卖App的页面，搜索产品，进入外卖页面，等等，但用户进入外卖页面、开始点菜、支付、享受外卖才是其中较为关键的触点。

因为用户进入外卖页面时，决定了用户是不是愿意留存下来，也决定了用户的活跃时长。用户点菜和支付的环节决定了用户是不是能够快速买单贡献收入，提升客单价。用户享受外卖的触点决定了用户对于外卖这件事情的感受和体验，也决定了用户是不是愿意继续买外卖，提升活跃频次。所以进入外卖页面、开始点菜、支付、收到外卖，是其中较为关键的触点。

在关键触点上需要注意：

（1）外卖页面这个触点的产品设计需要让菜品看起来足够精致，商家的招牌看起来足够精美。内容运营和内容编辑需要通过合理的图片占比、滤镜和布局使得外卖页面的图片足够好看，通过文案的描述让菜品名称和介绍更加有趣。

（2）点菜这个触点需要放上一些满减的优惠券，可以促使客单价的提升。

（3）支付完成的触点使用用户转发即可领取优惠券的方式促使用户的活跃频次提升。

（4）享受外卖这个触点要让吃外卖这个过程吃得像正餐一样有仪式感。

案例2：亚朵酒店

再来说说亚朵酒店的关键触点，对于出差的商务人士而言，比较关键的触点是踏入房间、进入卫生间、享受早餐和办理离店这几个瞬间。

打开房间，看到床品不错；进入卫生间发现洗浴用品的品质不错；吃早餐时发现早餐虽然种类不算特别多，但有着五星级酒店的品质，很满足；离店时，办理离店的速度也超过平均水平。

亚朵酒店针对这几个关键触点，不仅做到了不错，而且刻意打磨了一系列的设计。很多用户都说亚朵酒店的床品比五星级酒店的还好，这并没有夸张，亚朵酒店床品使用的是与"梦百合""康乃馨"等顶尖供应商合作定制的PLANETBED，而洗漱用品是和阿芙精油联合定制的，另外早餐品种非常丰富，我们很少在商务型酒店能够看到现场制作面点和煎蛋的窗口，但是亚朵酒店有。办理离店的速度快，没有押金，把卡给前台就行，整体效率优于五星级酒店。

在这些关键触点上，亚朵酒店远远超出用户的预期，更大程度上给予用户满足感，从而形成用户更多的活跃频次/时长和转发。

在关键触点上，我们为用户提供的服务价值以及品牌给用户的体贴感受，也会更全面地构成用户对品牌的认知和认可。触点是用户和品牌接触的点，而这些触点累积出品牌交付给用户的产品服务的全貌。

触点的重要性，不仅体现在基于触点可以通过设计用户的体验、激励规则和产品策略，来影响用户的活跃频次/时长、转发和客单价；触点还是品牌的基点，我们认为：

触点的数量 × 触点传递的有效信息 = 品牌

用户买的永远不是产品，而是产品带来的服务价值。

为什么这样说呢？这里举一个小例子。2015年，大量资本进入线上租房领域，这让很多线上租房网站通过短短几个月的经营，流水就可以超过很多小型线下房产中介。这极大冲击了线下房产中介的信心，当时有很多连锁房产中介纷纷抛售经营门店，他们很担心被线上网站彻底革了命。

就在这时，也就是2015年的2月，链家并购了成都伊诚。2015年3月，链家收购了上海德佑和深圳中联地产。在2015年剩下的时间里，链家快马加鞭陆续合并了杭州盛世管家、重庆大兴、大连好旺角。

一夜之间，线下的这些房地产中介，似乎都改换了门面，成为链家地产。

链家之所以会这么做，除了对资源层面进行整合，还有很重要的一个因素，在链家眼里，线下门店不仅仅是一个交易的场所，还是和用户之间的一个关键触点。这样的触点不断在用户生活的场景中出现，不断向用户传递可以来链家租房买房的信息，当用户有一天需要买房租房的时候，就很容易第一时间想起链家。

我想我们每个人都有着类似的生活经历，你本来对今天要吃什么毫无想法，可当你看到百度外卖、美团外卖或者饿了么的送餐员之后，一下就想起来可以到某个App上去挑选一下外卖，这就是为什么外卖的送餐员需要统一穿上制服的原因，因为这样的制服就是行走在大街小巷的触点，提醒着用户可以选择这个外卖App。

在我们的生活中，所有品牌信息出现的载体，都是品牌和用户之间的触点，广告牌、店招牌、线上广告、新媒体的内容，甚至穿着品牌工作服、背着品牌工作包的员工都是触点。

这些触点向我们传递着这个品牌能为我们解决什么问题，提醒着我们这个品牌的存在。所以：

品牌=这些不断累积的触点×触点向我们传递的品牌有效信息

2.2.4　频次/时长：更想要用户的活跃频次还是活跃时长

我们常常说，累积活跃用户是很多创业者和运营人挂在嘴边的目标，但是却没有弄清楚自己需要的是用户的活跃频次还是用户的活跃时长。在很多情况下用户的活跃频次和活跃时长难以兼得。

我们大都有过类似的感受，当想要使用一项服务时，如果这个服务要消耗特别长的时间，我们就会降低使用的频次。比如一部口碑爆表的六十集电视连续剧，即便我们特别想看，但只要一算在这件事情上所要投入的时间，心里就会打鼓，到底要不要看这部电视剧？毕竟如果一旦决定看，就意味着要消耗很多时间。

但是，如果只是看一个多小时的综艺节目或者电影，决策就变得非常容易了，因为它单次消耗的时间并没有那么长，时间会更可控。

就像抖音，如果单个视频的时长超过五分钟，我们就不会一不小心刷了几十个视频。对于自律的人，一次刷抖音刷了四五个小时，那下一次再打开抖音的时候，就会变得格外谨慎，因为担心打开抖音后会在里面消耗很长的时间。

所以，尽管我们希望用户能够既有很高的频次也有很长的时长，但频次和时长在某种程度上，是相互冲突的。所以首先要想清楚：对于这个业务而言更重要的是提高用户的频次还是时长，是用户的频次越高越有可能创造更多的价值，还是用户停留的时间越长越有可能创造更高的价值。

想清楚之后，就可以用一些方法来提升用户的频次/时长。比如下面三种常见的方法。

- 圈住用户：会员制度
- 场外吸引用户：特价产品
- 场内吸引用户：诱惑机制

1. 圈住用户：会员制度

第一种提高用户频次和时长的常见手段，是用会员制度圈住用户。

❶ 圈住用户：会员制度

京东
Plus会员
特价等

网易考拉
黑卡会员
特价礼包

淘宝
88会员
多平台权益

圈住用户

市场上做得不错的会员权益有：京东Plus会员、网易考拉黑卡会员、淘宝88会员。

在有些时段购买京东的Plus会员，可以同时得到爱奇艺的年卡会员、知乎的年卡会员以及其他优惠券和免运费券的权益。大部分用户买了京东Plus会员后，就会有更大的倾向来京东下单，毕竟用户已经为优惠权益付出了一定程度的代价。与京东相似的电商平台也都有类似的跑马圈地、圈住用户的会员制度。比如网易考拉的黑卡会员，有特殊折扣权益，也有免税券、免运费券以及黑卡专属优惠券等权益。

2018年，淘宝推出88会员，只要淘宝值满足一定的条件，用户就可以用88元购买淘宝的88会员，享受阿里系众多平台的全家福会员权益。

当用户为了这些会员权益而决定购买会员后，就会拥有反复来到同一个平台购买的初始动力。就像两个人谈恋爱，当你已经为对方付出了很多的时候，做出分手的决定就会变得更加困难。用户通常会有这样的损失厌恶心理，当他们已经为一件事情付出后，就不会轻易舍弃已经付出过的成本。

2. 场外吸引用户：特价产品

第二种常见的手段是用特价产品吸引场外用户，这里也有一些常见的套路。

平台型电商："双11"、跨店减、平台活动。

独立电商：特价产品、1元特价。

付费课程：转发扫码免费听。

❷ 场外吸引用户：特价产品

平台型电商 双11、跨店减 平台活动	独立电商 特价产品 1元特价	付费课程 转发扫码 免费听

场外吸引用户

平台型电商："双11"、跨店减、平台活动

类似淘宝、京东这样的平台型电商，会创造一些特价购物节，比如"双11"和618。平台用购物节的节日势能营造出强烈的购物氛围，吸引不那么活跃的用户，提高购买频次和活跃行为。在购物节的影响下，用户形成了这样的意识：需要购置大件商品时，通常会选择618、"双11"、国庆这样的节假日到平台上购买，因为折扣力度比较喜人。

除此之外，平台型的电商也会策划一些平台活动。这些平台活动虽然没有达到"双11"或者618的影响力，但当平台放出优惠券时，还是可以一定程度提高下单的转化率的。所以每年的春季返场、情人节、315、六一儿童节、七夕、开学季、"双12"、元旦等典型的节假日也是平台活动的高发期。

独立电商：特价产品、1元特价

独立电商吸引外部用户常用的方式是推出特价产品。常见的手段就是以1元特价、超级特价产品在外部渠道上吸引用户来到平台购买。在返利网、什么值得买这类的商品推荐平台上，常常可以看到特别便宜又有质量保障的产品。

付费课程：转发扫码免费听

还有一种比较常见的手段通常用于知识付费领域，我们在朋友圈看过不少转发课程的海报，集齐几个扫码就可以免费听。这是典型的用微信流量，以有价值的内容吸引用户的操作方式。这样做可以提高用户的整体使用次数，本来不在这个平台上的用户，因为认可内容的价值并且不需要付出很高的成本而愿意来到平台上。

微信2019年连续出台了一些规定，禁止强制引导用户打卡的行为，同时封禁个人营销机器号。这在一定程度影响了扫码关注、扫码加好友这种运营手段。而且微信官方为了提升朋友圈的质量，会对引导扫码关注的方式有越来越严格的限制政策，但即便如此，微信的流量仍然是仅存的成本低且流量集中的重要来源。更严格的限制条件，对微信整体的流量质量而言是好事，否则势必出现用户对朋友圈内容越来越不关注的情况，导致劣币驱逐良币的现象发生。与此同时，更严格的限制条件也在进一步提升微信内流量的运营成本，成本体现在对内容质量要求更高，很有可能直到微信流量的获取成本与外部付费渠道流量获取成本相仿，才能达到新的平衡。为了规避微信更为严苛的限制条件，用户的转发以点对点的方式发送，或者在社群里发送，可能成为更便于操作的形式。

3. 场内吸引用户：诱惑机制

我们把已经使用过平台的用户称为场内用户。对于用户而言，他们已经体验过平台提供的服务，我们需要通过一些办法来提升用户的使用频次和使用时长。常见的手段可以分为：精准推荐、活动页和免费体验。

❸ 场内吸引用户：诱惑机制

精准推荐	活动页	免费体验
推荐可能感兴趣的内容	策划场景化的内容	免费试听申请体验

场内吸引用户

精准推荐

精准推荐常见的手段就是推荐用户可能感兴趣的内容。做得最厉害的当属头条系产品，基于用户可能感兴趣的点，为用户推荐想要的内容，以此让用户沉浸在这个产品里。除了头条系的产品以外，还有淘宝的"猜你喜欢"。不知道有多少女性朋友会沉醉在淘宝的"猜你喜欢"中无法自拔，虽然没有官方公开的数据，但经过与多家头部淘宝电商的交叉数据比对，手机淘宝的流量占据了整体流量的90%以上，而"猜你喜欢"的流量占据了手机淘宝流量的90%以上。这只是流量数据，如果从用户使用时长来推算，用户在"猜你喜欢"这个产品上花费的时间一定会更多。可见精准的推荐能带来用户的沉迷。

活动页

无论在网站、App、微信公众号还是小程序里，我们都会看到很多活动页。这些活动页可能是特价活动，也可能是产品的故事，还可能是用户的评价。

活动页，作为品牌和用户之间的重要触点，可以通过策划场景化的内容，让用户更清楚地感受到他能够在这里得到什么样的服务、价值和自我满足感，也可以让用户感受到品牌的有趣、创意。在活动页这样的触点上只要足够真诚和有趣地传递品牌的信息，就有机会反复影响用户对于品牌的认知和认可，从而吸引用户愿意和这个品牌更多地接触。

免费体验

"免费"可能是早期互联网最大的卖点。但是，现在为了不冲击业务的价值感，不影响已付费用户的体验，应慎重使用这种手段。慎重的方式可以是：限制免费体验的次数或者限制获取免费名额的概率。比如头部知识付费平台得到App，可以试听二至五节老师的付费课程，有个初步的感受。又比如很多电商平台，用户可以申请免费体验产品，或者面向会员推霸王餐这样的免费体验活动，这些免费体验名额都是限量的。

无论是精准推荐用户感兴趣的内容、活动页场景化呈现还是免费体验，都是典型的场内吸引用户的手段，目的是希望用户的活跃时长可以进一步增加。

要想提升用户的频次和时长，既可以依靠运营人熟悉的活动、会员、特价等方式，也需要依赖产品功能。

当设计会员权益时，每一个用户看到的产品价格应当和他的会员权益相匹配，这就需要产品功能的支持。我们为用户精准推荐感兴趣的内容时，需要相应的产品策略支持。当然，我们去定义如何标识用户的兴趣时，每一个内容所对应的兴趣标签应当如何标识，如何将内容的标识和用户的兴趣做匹配，都需要产品策略的支持。

所以，当提升用户的频次和时长时，一定需要产品和运营工作一起来完成。

2.2.5　转发：我们希望用户转发，但是要先弄明白用户凭什么转发

相信读者对转发这个要素已经十分熟悉了，转发这个词在增长黑客的模型里被称为"自传播"，在流行的知识付费领域里被称为"裂变"。

不论是自传播、裂变还是转发，其实都是用户分享出去，从而带来新用户。

转发这个操作本身不难，难的是如何说服用户进行转发，也就是用户凭什么转发。

在我看来，其实，"凭什么"的答案只有两个：利益驱动、身份认同。

利益驱动好理解，比如前文提到的转发付费课程海报，集齐几个扫码就可以免费听，这是典型的利益驱动。又比如三亿人都在用的拼多多，转发产品之后用户可以以折扣价购买商品。还有美团、饿了么、京东到家，完成订单之后都能对外分享优惠券，而用户自己也可以得到一些优惠券，这都是利益驱动，它已经成为最常见的一种激励用户转发的方式。

但是仅靠利益驱动一定是不够的，而且并非所有的用户仅靠利益就能被驱动。所以身份认同成为用户"凭什么"转发的另一个答案。

我们愿意转发外卖的红包，但不愿意转发其他产品的红包，因为我们有"大家都是外卖用户群体"的身份认同感。我们有时不愿意转发外卖的红包，但是愿意转发外卖平台赋予我们的吃货标签，这样的标签也许是"她是一个永远都喂不饱的吃货少女"，因为我们有这个标签对应的身份认同感。

得到App和混沌大学，在身份认同这个要素上有天然的品类优势，当然，他们也将身份认同感这个要素发挥得很好。他们会给用户一些专属的荣誉徽章，奖励连续学习的用户，用大讲台大场合为优秀的学习者提供露面机会，刺激用户的身份认同感。

最近几年没事就刷屏的网易系产品的各种心理测试、支付宝年度账单总结内容，本质上也是一种以身份认同感为核心，以产品价值为外在表现的极具用户标签感的内容。

一部分用户愿意告诉大家自己是一个文艺青年，一部分用户想向所有人宣告自己爱学习想成长，一部分在美食上投入"巨资"的用户有了想"炫富一下"的想法，而这些用户因为参与产品而得来的标签所体现出来的身份感，都是刺激用户愿意转发的一个重要因素。

所以，希望用户转发，那就在利益驱动和用户认同这两点上下足功夫。

影响用户转发的因素

分析完用户转发的动机，再向下深挖一步，用户的"转发"行为被什么因素影响？

我们发现其实是这三个因素：动机、能力和提醒。

影响用户转发的因素

动机：就是前文提到的利益驱动和身份认同，用户有没有足够的动力，用户凭什么转发。

能力：用户是不是具备操作能力。这个能力指的是，操作是不是足够简单，是不是足够轻松，是不是轻而易举。

提醒：用户其实愿意转发，但未必真的会完成转发这个动作，因为没有被提醒。我们要规划提醒用户的产品策略，也需要告知用户转发的路径和方法到底是什么，是不是显而易见。

实际上不仅仅是转发，用户的所有行为——付费、转发、支付更高的客单价、更活跃等行为，都受这三个要素影响。谨记：行为=动机×能力×提醒

2.2.6 客单价：用户消费的金额越高，在用户活跃稳定的情况下，流水就越高

一个企业的收入=消费用户数×用户的客单价，所以客单价在很大程度上影响收入水平。

我们常常说已经没有流量红利了，但是用户的客单价仍然有红利，在单用户的ARPU（Average Revenue Per User，即每用户平均收入）值的挖掘上，仍然有很

大的空间。

每一个用户的获取、维护都有成本，若单个用户的客单价足够高，获取和运营这个用户可以支付的成本就可以足够高，而这个成本不仅仅用于获取用户，也可以让我们在和用户互动的过程中，为用户投入更多成本，营造更多的惊喜感受，形成真正的良性循环。

通常情况下，用户并非不愿意支付更高的客单价，而是想要更好的性价比。

基于此，推荐5个常见的手段：

（1）满减券

（2）打包折扣

（3）产品更优质

（4）高颜值礼盒/限量版礼盒

（5）附加服务

提高客单价的常见手段

手段1：满减券

你是否有过这样的经历：在外卖平台上点外卖需要花15元，但是突然看见有满18元减2元的优惠券，为了使用满减券就选择再点一个菜。很多平台就是用满减券的手段来刺激用户提高客单价的。

手段2：打包折扣

除了满减券，商家也常常使用打包折扣的方式提高客单价。比如我们在某个店铺买衣服，买一件没有折扣，但买两件打8折，买三件打5折，以此来刺激用户买更多的产品。

手段3：产品更优质

产品升级，变得更加优质，也是提高客单价的灵丹妙药。华为手机正是如此，自从华为出了Mate 20 Pro，徕卡三摄就让很多人挪不开双眼，一度卖断货。用户愿意为了升级摄像头拍出更漂亮更有质感的照片，支付更多的价钱去买他们心中认为更好的性价比。

手段4：高颜值礼盒/限量版礼盒

高颜值礼盒和限量版礼盒，是最容易快速提升用户性价比感受的方式。颜值就是生产力，新一代的消费者更是看重产品颜值所带来的品质感，颜值的提升对于很多用户而言就是产品性质和价值的提升。

手段5：附加服务

服务敏感型的用户愿意为附加的服务提升客单价。很多以更贵的价格购买健康保险的用户，就是在为这些高端保险背后所附加的服务买单，例如医疗咨询服务、医疗通道服务。

有的用户可能认为服务的附加值和性价比并不高，高颜值的礼盒性价比也不高，只有优惠券的性价比是足够高的。正是因为用户的多样化，行业里才会有这么多不同的产品运营"姿势"来面向不同类型的用户。

多样的用户、多样的需求、多样的影响用户的方法，正是产品运营工作的魅力所在。

2.2.7　体验：把用户的好感放大再放大，让用户轻而易举得到想得到的

> **"**
> 在每个触点上给用户的体验，织成了一张被称为品牌的网。

在工作中，我们常常会谈到体验这个词，老板们更是常常把用户的体验挂在嘴边。

叶国富在名创优品的供应链上持续投入资金和关注，雷军在微博上总是亲力亲为接收用户的私信投诉，这都是他们对于体验重视的鲜明写照。

可用户体验到底是什么？百度百科的解释是：用户体验就是用户在使用产品过程中的主观感受。如果我们想要运营这种感受，让这种感受带来用户对品牌的正向认识，可以从体验的惊喜程度、体验可覆盖的量级、体验的迭代速度三个角度来运营用户体验。

$$体验 = 体验的惊喜程度 \times 可覆盖的量级 \times 迭代速度$$

体验公式

首先，我们要传递、交付优秀的用户体验，就要让用户有充足的好感和惊喜，而且用户能够轻易得到这样的好感和惊喜。

其次，这样的惊喜体验要覆盖足够多的用户，而不是仅有极少数的用户可以得到。

最后，这样的惊喜和体验需要持续地快速迭代，用户总是提升标准，很难反复地因为同一件事情而惊喜，所以在体验、服务层面上的迭代速度格外重要，因为没有迭代，用户体验的惊喜就不可持续。

案例1：海底捞营造体验

在体验这个层面上做到极致的，必须是那个让别人永远都学不会的海底捞。海底捞的服务体验不仅令人特别惊喜，还可以覆盖到所有的门店，同时还在不断迭代，服务迭代的能力从网络热门流传的小故事可见一斑。

在微博刚刚兴起之时，就有客人在微博上赞美海底捞，说海底捞很好地服务了吃瓜群众。2010年，海底捞提供免费的自助西瓜，用户自助取水果时多拿了一些西瓜，于是就问服务员可不可以打包带回家，服务员斩钉截铁地拒绝了他，说不行，切好的水果不新鲜，于是打包了一整个西瓜给客人带走。

2018年，微博上又出现了一个热门故事。缘起是用户在海底捞的门口等位，马路对面出现了一拨儿人吵吵嚷嚷，于是这个用户非常好奇，拉着朋友起身打算一起去看马路对面到底发生了什么。这时海底捞服务员端着一份西瓜走过来，说你们先吃西瓜，我们的服务员已经到街对面去打听发生什么事了。海底捞的服务与体验，是大家公认的顶尖体验。这故事不知真假，我只知道这确实体现出他们打造体验的能力与体验迭代的能力。有惊喜感，有覆盖度，也有迭代速度。

那海底捞是怎样让它的惊喜程度不断地产生、迭代，覆盖这么多用户的呢？我们可以从海底捞经营的财务数据里窥探一二。

公司名称	海底捞	呷哺呷哺	肯德基+必胜客	味千
收入(百万元RMB,17Y)	10,637	3,664	47,508	2,332
食材成本&费用占比				
食材成本	40.5%	37.3%	28.3%	24.8%
人工	29.0%	22.7%	21.4%	25.3%
租金	3.9%	12.0%	11.0%	16.4%
折旧	3.4%	4.1%	5.7%	6.5%
毛利(百万RMB,17Y)	6,324	2,299	7,859	1,755
毛利率	59.5%	62.7%	16.5%	75.3%
经营利润率	15.1%	13.7%	11.0%	12.9%
净利润	1,028	420	2,874	301
净利率	9.7%	11.5%	6.1%	12.9%
ROA	27.5%	14.8%	10.1%	8.2%
ROE	58.3%	21.2%	15.6%	10.2%

关键财务数据，以上数据/信息来源于：龙湖资本毛平的演讲

在上面的财务报表里有海底捞、呷哺呷哺、肯德基+必胜客、味千四家非常头部的餐饮公司。通过关键财务数据对比，可以清楚地看到每家在食材和人工成本上的分配。

海底捞的食材成本和人工成本相对来说是四家头部餐饮里最高的。

海底捞用足够高的食材成本保证食材的品质，这是餐饮服务当中用户所需要的最基础的服务。而人力成本远远高出其他三家也和外界传闻相互印证，外界传言，

海底捞的员工是挖不走的员工，员工薪资比同行高出30%~50%，同时内部还有一系列的授权和激励手段。员工授权和激励也是被很多创始人津津乐道的：员工有免费赠送客人菜的权限，店长有店铺的利润分成的权益，店长有投资新店铺的机会。

海底捞通过一系列对员工的授权、高薪，激励着员工自发地给客户惊喜。保持如此高的体验感迭代速度，离不开自下而上对于用户服务体验的重视，更离不开一线员工的主动积极。通过组织上的规则去驱动海底捞团队里每一个做服务和体验的个体，主动去为用户不断迭代体验感。

案例2：阿芙精油营造惊喜感

阿芙精油是早期的电商公司里，营造用户惊喜感非常有方法的公司。它在电商领域开创了一系列和用户交互营销的方式。

当年，其他电商都做得简单粗暴，那时阿芙精油就开始在它的包装盒里放不少于十件的体验装赠品，常常用户买了一件产品，却收到了十件赠品。除了这种远远超出常规的赠品以外，阿芙精油还会在包装盒里放各种卡片，有的卡片可以刮奖，用户随机选择3个刮奖的地方，拍照给客服就可以兑换其中最大的一个奖项，有的卡片可以用于集齐七龙珠，总之卡片的玩法有多种组合，每次快递盒内随机放几张卡片，集齐指定的卡片，用户也可以兑换相应的礼品。

惊喜感可谓是阿芙精油的当家本领，而怎么为用户营造惊喜感，依赖的是对用户心理的深度洞察，在哪一个环节营造惊喜感，依赖的是对场景、路径和触点的判断。

案例3：能够覆盖更多用户惊喜感的今日头条

虽然被不少人诟病"今日头条让人不断沉迷，只给用户感兴趣的，让用户的世界变得狭窄"，但无法回避的是，用户之所以沉迷正是因为用户有好的体验。

今日头条刚出现的时候，天下苦秦久矣。用户想要搜一个准确的信息，不小心就会搜到广告。今日头条应运而生，当用户在一个怎么都找不到自己想要的信息的时候，突然到了一个神奇的平台，这个平台上的每一篇内容都是自己想要的，这样的惊喜和满足不言而喻。而且随着一篇一篇想要的内容的叠加，带来的好感、满足感，也使用户愿意在今日头条上花更多的时间。

今日头条所营造的体验感受，正是不断给用户想要的，但因为这种给予是由产品策略驱动的，所以覆盖的用户量级可以足够大、足够全，并且还能不断基于用户的浏览数据迭代，给到用户更想要的内容，挖掘用户自己还没有意识到的内容。

体验如果要覆盖大量的用户群体，那么一定要靠规则，而不能靠某个员工的发挥，而产品策略就是规则的数据化和产品化。

2.2.8　激励规则：设定用户激励路径，分辨用户该如何激励，该不该激励

我们常常会提到激励规则。激励规则是诱导用户发生某种行为的诱因，就像前文提到的利益和个人身份的认同是诱导用户发生转发这种行为的诱因，那么利益的设计、个人身份认同感的标签设计，就是一种激励规则。

激励规则怎么做？

（1）设定用户的激励路径。

（2）分辨用户该如何激励。

（3）分辨用户该不该激励。

相信你肯定很好奇，为什么还要讨论该不该激励？因为我认为并不是用户的每一个行为都应该去激励，也并不是用户的每一个行为都要显性激励。

如果用户分享了一个商品给他的朋友，这个分享行为应不应该激励？激励应该以什么样的方式给用户？私下给予还是公开告知所有人，不同的场景会有不同的答案。

如果本来就是高净值的用户在消费高单价的产品，无论这个激励是否明显，他都会认为这样的激励使他的分享动作有了其他的含义，导致他不愿意进行分享。

所以该不该激励，怎么去激励，是我们一定要结合业务场景去思考的问题。

激励通常分为两类：单次激励，持续激励。

单次激励是基于用户某一次行为的激励。比较常见的行为是转发，以此来得到折扣和返现。

持续激励多见于基于用户体系建设的激励。随着用户在平台或服务里使用服务次数越多、累积的消费越多、累积的用户行为越多，我们会给予更多的激励。

持续激励，比较适合业务框架已经稳定，对需要激励的用户行为比较确定的公司使用。持续激励是以一个完整的框架，激励用户有更多频次/时长和消费的行为。在这个完整的框架中，需要对用户的所有行为进行估值，然后对可以投入的激励成本进行确定，最后明确激励给予的具体方式。

对于持续激励而言，经常使用的手段是搭建一套会员体系。在这个会员体系里，至少要包含会员的积分和会员的权益、随着用户的频次、时长、消费金额、持续的行为的变化，用户的会员积分也会发生变化，用户就会被分为不同的级别，匹配不同的会员权益。

前文提到有一些场景不适合做激励。比如一家高端珠宝商城，来这里购买和咨询的用户是高净值的用户，当用户介绍了新的用户，该不该激励介绍人？

我认为最好不要使用单次激励，单次激励容易起到反面的效果，让用户本来基于身份认同的分享，被赋予了利益驱动的含义，这种别扭的感受可能会让用户不再愿意分享。这种情况可以基于用户体系的建设，对用户的行为有持续的激励。比如高净值的用户介绍新用户，那这位老用户的会员积分会增加，增加到一个级别之后，他就成为这家高端珠宝商城的VIP用户，和其他用户相比有了不一样的权益和服务，比如每次到店可以在VIP会客室里，喝着茶选择图片让服务员拿成品进来看，或者可以提供一些特殊的更高端的服务，比如海外珠宝展会代购，由珠宝店的专业采购直接在海外帮忙采购品质更好、价格更低的珠宝原石。

所以，对于用户的激励，不能一开始思考就进入怎么激励、要不要用现金激励的细节里，需要先思考用户群体到底是谁，消费场景是什么，应该选择更长期的体系激励还是单次激励？然后，基于自己的品牌当前最想要的用户行为来设计具体的激励手段。

2.2.9　产品策略：以产品策略来诱发用户频次/时长提升、转发、客单价增加

那么，什么是产品策略？产品策略是当符合某一个逻辑时，产品就体现出来某一种功能。

我们常常见到的产品策略是这样的：

（1）当用户行为为X时，产品呈现什么特征。

（2）当用户群体为A时，产品呈现什么特征。

有3种比较常见的符合"当用户行为为X时，产品呈现什么特征"的产品策略：

（1）抖音的推荐策略。当用户浏览某个视频的时间超过一定时间，或者当用户为某些视频双击点赞时，产品呈现的特征就是为用户持续推荐这样的视频。

（2）知乎的推送策略。知乎平台有各种各样的问题，有些问题会推送给我们，

是因为当浏览或者关注过某个问题后，知乎上的同类问题热度超过某个值，就会自动推送给我们，引发我们的关注。

（3）淘宝的活动页展现策略。如果你爱逛淘宝，相信一定已经注意到了，淘宝首页上方的Banner位置中有很多活动Banner是系统自动生成的，也就是由产品策略自动生成的。这个活动的Banner并不是一张张设计稿件，而是由系统基于不同的设计元素以及文案元素自动匹配生成的活动页。具体操作是抠出衣服的元素图，然后自动在系统里匹配几句文案，就变成一个服装活动。抠出文具的元素图，再匹配几个文具的文案，就自动生成一个文具活动。淘宝活动页的展现策略是：当某个用户最近浏览的商品基本上都是服装的时候，在活动页的位置，就会推荐服装的活动内容。

那么，"当用户群体为A时，产品呈现什么特征"这一产品策略的基础是用户是谁，而不是用户发生了什么动作。例如用户是大学生，那么用户看到的口红是平价口红，如果用户是职场人，那么用户看到的口红则是大牌口红。前文提到的"当用户行为为X时，产品呈现什么特征"有不一样的基础，但本质上都是基于不同的人，对应给予不同的产品服务。因此，衍生出3种比较常见的产品策略：

（1）用户的试用产品。例如一个新用户上线，可能会为这个新用户推荐试用产品，而不是直接为用户推荐正装产品。

（2）用户的升级产品。如果是一个在平台上多次尝试产品服务的老用户，这个时候可以为用户推荐一些升级产品，例如一个美容店的老用户，一直在美容店做常规的美容按摩，这时比较适合给用户推荐的就是一些仪器美容的产品，升级用户的服务。

（3）好奇是什么产品的"打酱油"用户。一个随便走走看看的用户，应该给予什么产品服务，还是不予关注？其实路过的用户也是潜在用户，这个时候最应该让用户知晓的是我们这里最受欢迎的产品。因为最受欢迎的产品意味着容易被更多用户接受，所以这个时候给用户提供的产品，可以是一款大众类型的产品介绍，同时在推荐产品时，说清楚我们和别人的差异是什么。

提升用户频次、转化、提高用户购买单价的动作背后，很多时候是由产品策略来支撑的。产品策略和运营动作是一对好朋友。

2.3 案例：滴滴打车

在逐个解读完产品运营画布的要素之后，下面通过滴滴的案例来完整地了解如何使用产品运营画布规划产品运营。

在做这份产品运营规划之前，首先需要分析滴滴的业务数据，数据的分析过程这里就不过多描述了，总之有一个分析的结论——每周日，在线用户发起打车请求的比例比其他时候低，但发起请求之后司机的响应比例比其他时候高。

也就是说，有很多用户上线，但由于种种原因，并没有最终发起叫车的需求，这个原因应该不是附近没有司机，因为用户一旦发起叫车的需求，司机响应的比例比其他时候高。

这个数据的背后隐隐透露出这样的信息：每周日司机都会有些不爽，因为叫车的用户好像少一些，于是司机可能会想是不是周日自己也可以休息了，反正接单量也不会很多。司机休息后，在线用户发起的叫车需求就更少了，因为发现附近没有司机，于是业务就进入了一个恶性循环。

所以当看到这个数据分析的结论时，首先明确的就是我们需要解决这个问题，即把周日在线用户发起叫车需求的比例提高，让更多上线的滴滴用户愿意发起叫车的需求，避免浪费掉可贵的用户，也避免由于供需两端不平衡导致的业务风险。

2.3.1 场景

于是我们来解构周日打车的场景，用户到底都有谁？

（1）逛街的用户。

（2）周末出游的用户。

（3）周末聚会的用户。

他们选择滴滴打车的原因有什么？

（1）想解决交通问题。

（2）玩累了，在车上休息休息。

（3）用户希望自己能有个独立的空间安静一下。

逛街的用户和周末出游的用户主要需要的是打车和休息。而参与聚会活动的用户，除了打车和休息以外，有可能想要一个独立的空间，能够让自己在热闹聚会之后静一静。

基于这些场景、需求和用户，接下来需要判断的是，哪些场景最有可能是用户虽然上线了，但没有发起叫车需求。前面已经提到，从数据可以看出，用户没有发起叫车需求，并不是因为没有司机接单，而是用户上线了，选择了目的地，由于某些原因，决定不叫车了，而且决定不叫车的比例在周日这个场景下比平时高一些。

于是基于这条线索推演，上线了没有叫车可能存在这样两个场景：

（1）出去郊游，打算打车回家，一看App发现居然这么贵，还是乘公交车回去。

（2）在外聚餐，打算打车回家的时候，一看App，旁边的小伙伴说我送你（打车/开车），于是关掉滴滴。

基于这两种场景，我们怎么把用户从放弃使用滴滴的场景转化为继续使用滴滴的场景呢？

（1）出去郊游，打算打车回家的时候，一打开滴滴App发现这么远回家居然也不贵，那用户很有可能就选择滴滴打车了。

（2）在外聚餐，打算打车回家的时候，旁边的小伙伴说："走，我打车送你一起。"正巧看到滴滴的拼车功能，可以在聚会后和小伙伴一起回家，于是开始使用这个功能。

2.3.2　路径和触点

在上面两个具体的场景下，选择在外郊游这个场景来思考它的路径是什么。

以郊游的用户路径为例，用户从景区出来后，打开滴滴App，选择目的地，等待估算价格和等车时间。价格和等车时间出来之后，有的用户能接受，于是就选择叫车，叫车之后能够看到司机的位置，打电话和司机联系具体的上车地点，然后车辆到达，上车。按照我们过往的打车经验，在上车之后，滴滴App和用户之间就没有触点了，用户打车结束后，可能会评价，可能还会支付，之所以是可能会支付，是因为很多用户设置的是自动支付。所以上车后的路径，用户不一定会完成，但是之前的路径一定是会完成的。

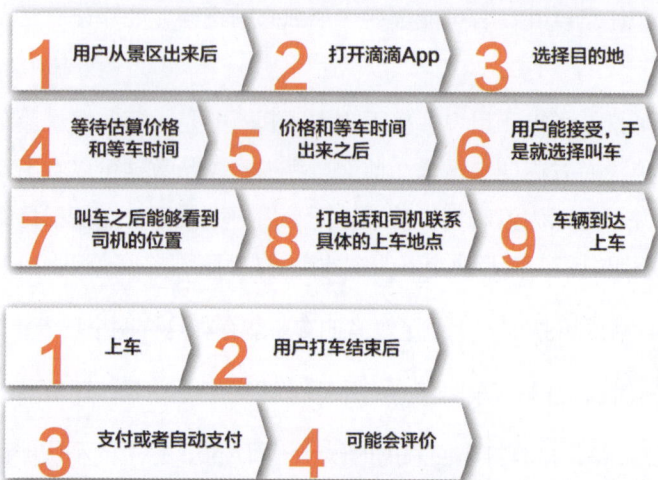

用户打车路径

在以上路径中，哪些是核心触点？选择触点的时候，要注意的是核心触点指的是用户会在这个触点上停留，并且用户会在这个触点上得到一些信息。基于此，核心触点有两个。一个是用户在等待价格和打车时间从页面上显示出来的那个瞬间，一个是打车结束之后，用户要发起评价或者发起支付的时刻。

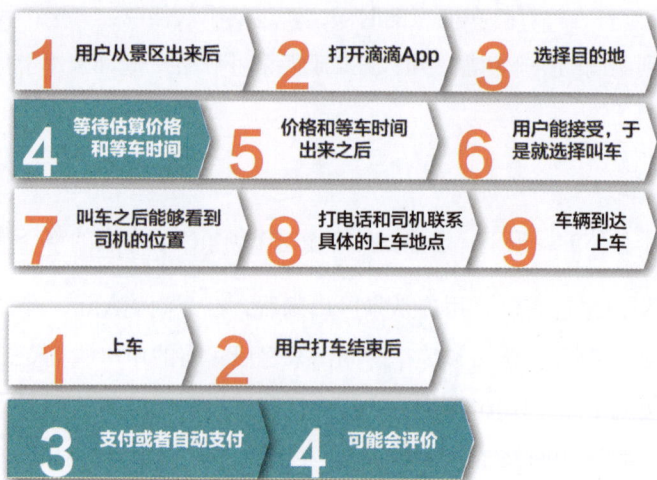

路径中的核心触点

2.3.3　体验、激励规则和产品策略

在这两个核心触点上，我们怎么去设计体验、激励规则和产品策略呢？

在第一个触点（用户等待App显示价格和打车时间），可以在用户等待期间，弹屏发一张海报或者给用户提示，告诉用户这一单有折扣，或者是这一单等车有特快通道，并且同时展示给用户预估等待的时间以及预估的价格。

在这样的一个体验和激励基础之上，产品策略首先要注意的是它的定位一定要在景区，这样才符合郊游用户的场景。

另外，用户打车也不能去特别近的地方，因为场景是用户在景区玩累了想要打车回家，然后一看价格太贵就放弃了。

基于价格太贵，为了提升用户的叫车需求，选择在激励规则上给用户一定折扣。所以在产品策略中，应该定位在离目的地××公里以上，并且在景区叫车的用户，才会给用户推送优惠内容和等车特快通道。

第二个触点（打车结束后可能会评价和支付），我们要怎么去设计体验、激励规则和产品策略呢？我们要注意的是这个触点不是用户路径的必经之路，但用户一旦使用，它也是一个有效的触点。

在这个触点上，我们要设计的体验是，用户服务已经结束了，要想办法放大用户的体验。比如以类似获奖通知海报的形式告诉用户，今天是以超级划算的价格体验了超级值钱的服务，这个服务里面既有等车的特快通道，同时还有折扣。

这样用户不仅仅享受了意外的折扣，还同时享受了VIP叫车的服务。可以通过这样的内容放大用户的体验，让用户觉得确实很划算。

另外，在激励规则的设定上，也可以告诉用户，如果未来还想持续拥有这样的权益，需要执行哪些动作，比如转发是获得权益的必要动作，也可以通过购买来获得未来的权益。在产品策略层面，可以在结束之后，推送短信或者在App上展示海报，便于用户快速完成转发，这样的转发可能是由于权益给予对应的"利益驱动"，也可能是由于车辆VIP服务对应的"身份认同"。

2.3.4　活跃频次、转发和客单价

在这些触点上，如何实现活跃频次、转发和客单价的提升呢？可以有以下5种手段：

（1）给用户体验券和优惠券时，要求用户分享才可以获得。也可以在分享之后，把等待的时间从15分钟缩短到5分钟。

（2）告诉用户，因为一周累积打车多少次、累计消费多少元，所以得到了特别的权益。以这样一种权益诱惑的方式拉升用户频次、转发和客单价。

（3）用户分享权益之后，可以再次得到同样的权益。

（4）用户可以拼团购买滴滴的套餐优惠券，1元购买10张周末打车5折券。

以上是基于滴滴的业务梳理出来的可能出现的场景，如何将这个场景转化为对于业务进展有利的场景，在新的场景中用户使用产品服务的路径是什么，而在这个路径的关键触点上，基于频次、转发和客单价这样一系列的目的，可以设计出来哪些细节。基于这些思考，就得到了业务迭代的产品运营手段。

对于上文提到的在外郊游场景，你有哪些从产品运营画布出发但却不一样的思考呢？对于上文没有提到的在外聚餐的场景，你又有哪些基于产品运营画布出发的规划呢？欢迎到"新物种研究工作室"微信公众号留言，发来你的规划，作者会酌情点评你的规划。

通过对本章的阅读，你对产品运营画布是否有了更全面的理解？是否更加深入地理解了产品运营新物种的含义？请继续踏上产品运营之旅，下一章将带你了解渠道流量工具，结合产品运营画布，相信你会战无不胜。

第3章

/

渠道流量工具

通过产品运营画布的九要素，规划出了一套包含产品手段和运营手段的系统方案，但是一个完整的运营规划，不仅仅要考虑产品运营方案的内容应怎么设计，还需要规划渠道流量应该怎么来。因为一个成功的规划不仅仅对体验、激励规则、产品策略有所规划，对流量也要有所规划。

如果把渠道看成产品和用户之间的管道，这些管道到底对哪些用户多放，对哪些用户少放，对哪些用户不放，这往往就是渠道投放策略所影响的。在这个管道中，我们推送的内容是否够精彩、有创意、颜值高，决定了能不能吸引管道所面向的用户群体来体验产品和服务。管道的粗细，决定了管道能够容纳多少用户通过，而管道的粗细程度，往往就是由品牌边界决定的。

品牌的边界决定了在所覆盖的用户群体中能够获取的用户上限。也许我们在做渠道策略时，将管道放了能够覆盖10 000个精准用户群体的地方，但是因为品牌的边界只能影响1000人，那么品牌边界所决定的管道粗细就决定了只有1000人通过这个管道来体验产品和服务。

所以渠道永远都不是单一维度在哪里投放的问题，渠道加上产品服务、加上渠道投放个性化的内容、加上品牌的边界才决定了渠道最终投放的效果到底是什么。

渠道投放的效果＝选择的渠道×产品服务×渠道个性化内容投放×品牌边界

这里，渠道的效果指的就是能够穿过管道尝试产品和服务的用户数，在传统的渠道运营中，也称之为流量。

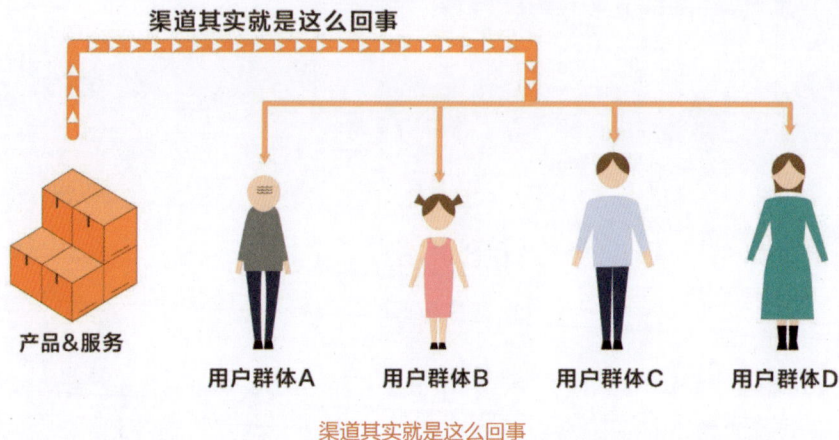

渠道其实就是这么回事

品牌的边界有这么明显的影响吗？就像经常逛的商场，我们能够记住这家商场的每一个门店吗？当然不能，我们只能记住经常去的店铺，因为我们已经是这些店铺精准的用户，在它的品牌边界覆盖范围内了；或者，只能记住一些已经是大品牌的店铺，因为它们的品牌边界足够宽，早已把我们覆盖在这些大品牌的品牌边界内。品牌的边界会决定我们是否受到广告内容的影响。

而产品和服务正是通过把不同的管道放在不同的用户群体面前，来完成获取用户这件事情的。

所以要想让渠道投放有效，就要尽可能在品牌边界所覆盖的用户群体中进行投放。如果要覆盖尽可能精准的用户群体，就得回到产品运营画布的"场景"要素中，思考我们的用户群体到底是谁。

下面以早教中心为例，来思考早教中心的用户群体都有谁。早教中心提供给用户的价值是早教服务，早教服务的价值是在合适的时间点开发小朋友的科学逻辑、音乐思维和运动思维。基于这个价值，用户群体是"重视小孩早期教育"的这样一群家长。

除了早教服务以外，早教机构有能力提供空间价值和服务价值，我们发现早教中心其实可以提供两个有价值的场景：帮家长托管小孩，共享玩具和绘本。

帮家长托管小孩：因为家长不是时时刻刻都想看到自己的小孩，偶尔也想要解放一下，拥有自己的私人空间，所以基于这个场景，早教中心能够覆盖的用户群体就会从原有的"重视小孩早期教育"的家长，拓宽到那些"想拥有自己时间"的家长。

共享玩具和绘本：早教中心会提供很多玩具和绘本，这些玩具和绘本不属于某个小朋友，本质上是早教中心所有小朋友的共享玩具和绘本。有些家长每逢电商活动就想买玩具和绘本，但日积月累家里可能放不下，也可能担心孩子玩两天就不喜欢了，浪费钱。基于这个场景，如果早教中心把玩具绘本的共享服务单独作为一个产品提供给家长，那么，早教中心能够覆盖的用户群体又增加了一类"想让孩子拥有更多玩具和绘本使用权"的家长。

基于以上思考，为早教中心拓展用户来源，其实就是在拓展早教中心的使用场景。本来覆盖的是"重视小孩早期教育"的家长，随着场景的增加，又增加了"想拥有自己时间"的家长和"想让孩子拥有更多玩具和绘本使用权"的家长。

用户群体增加了，渠道可以覆盖的用户群体、可以推广的内容就增加了。

渠道就是这么一件事，和选择的用户群体、产品服务、品牌的内容、品牌的边界都相关的事。渠道向不同用户群体传递关于品牌和产品服务的内容，而这个内容始终要为产品和服务带来具体的价值。

3.1　三种渠道流量类型

渠道类型大体上可以分为：流量曝光型、销售转化型和品牌提升型。

流量曝光型	曝光在潜在用户面前，获取用户对于这个产品服务的认知
销售转化型	曝光在较有可能有需求的用户前，获取用户对于这个产品服务的认知和转化
品牌提升型	提升品牌在用户面前的品牌形象，包括专业性、产品服务的品质、品牌的亲和力和人格化感受，提升用户对品牌的信任感

渠道类型

3.1.1　流量曝光型

流量曝光型的渠道，目的是在潜在用户群体中，获取用户对某个产品的认知，让用户在使用产品服务前先认识到品牌能提供什么价值。

之前大家常提的铂爵旅拍和Boss直聘，干的就是流量曝光这件事。在海量的电梯广告上反复讲品牌到底是做什么的，以此加深用户印象，即便没有使用过该产品或服务，用户也能认识到品牌能提供什么价值。

当然这两个广告在广告圈内褒贬不一。有人认为渠道投放调性不重要，"疗效"才重要，收到了流量曝光的"疗效"，让用户认知价值，就是好广告。关于调性的提升，下一步通过其他营销内容把品牌的调性做上去即可。的确，铂爵旅拍在大量洗脑式广告的投放之后，冠名了《小姐姐的花店》《妻子的浪漫旅行》这样一些文艺范儿、拥有很多明星参与的综艺对品牌进行背书。

我们在这里不点评这个广告的优劣，但毋庸置疑，这类流量曝光型的内容，通过反复"洗脑"、反复强化产品和服务，让用户明白这个品牌的价值是一种渠道投放手段。只是这种渠道投放手段，需要持续投入大量的市场费用。这是有较多市场费用和投放预算的企业才会考虑的渠道类型。

比较典型的流量曝光型渠道是展示型广告的平台。常见的有以下两类平台。

1. 线上渠道

朋友圈广告、小程序广告、公众号广告、腾讯新闻广告、QQ浏览器广告、QQ空间广告等广告位置，都是腾讯广点通可以覆盖的广告展示位置，通过广告在不同流量平台的展示，可帮助广告主获取流量曝光。

今日头条的信息流广告、App中的Banner弹屏广告、抖音的视频广告等，和腾讯的广点通类似，整合了大量今日头条系的产品和一些外部App的流量曝光位置。

淘宝系包括淘宝钻展以及淘宝首页广告等。

微博包括开屏广告、插屏广告等。

2. 线下渠道

传统的地铁广告、电梯广告、电视广告、餐厅屏幕广告、机场的广告、高铁椅背广告、机票背面广告等，这些是典型的展示型广告。

渠道上所传递的广告内容以用户被动接受为主。

更容易被用户接受，甚至会让用户主动寻找的展示型渠道也是存在的。比如这两年从品牌方到运营方都无比重视的网红渠道就是如此。网红渠道属于线上渠道，是内容营销的流量阵地，网红因为优质的内容聚集了大量的粉丝，所以不论推荐什么产品都有很强的曝光属性。

我们为什么在流量曝光型的渠道里提到网红渠道呢？实际上所有渠道的属性都不是单一的，都是有所侧重的，例如前文提到的广点通，虽然是流量曝光型的渠道，但是也能起到一定程度的转化效果。网红渠道也是如此，网红渠道在过去两年风风火火的发展中，已经成为各个渠道投放操盘手不得不涉足的渠道，真正区分一个渠道到底是以曝光为主，还是以销售转化为主的判断标准，是看这个渠道带来的效果到底是有很大的曝光量使得品牌的存在感变强，还是有很强的转化能力使得品牌能够快速形成转化，而这和渠道展现信息的特征有关，和用户形成购买决策获取信息的路径有关，也和渠道本身是什么有关。

由于网红渠道的转化能力受到质疑，这也使得很多网红平台开始在2019年寻求变化，寻求转化能力的提升。实际上网红渠道到底是不是能够形成转化，这和渠道本身有一定的相关性，和网红个人的调性以及网红在视频中的话术有很强的相关性。

比如擅长卖口红的李佳琦，话术文案有非常强的转化属性，一句又一句的"买它"撩拨广大女孩的购物欲，所以他的曝光型广告内容相对于其他网红而言有更强的销售转化能力。但同样是李佳琦，他在淘宝直播就比在抖音直播上有更强的转化能力。

小红书、微博的网红，常常会集中一段时间推荐某个产品，这也是典型的网红曝光型渠道。这种网红曝光型的渠道最大的特点是：重视内容的创意、表达得很有趣、用户的接受度高，以及对产品服务的核心价值展示得清清楚楚、明明白白，价值渲染强度高，因此用户也更愿意接受。

这些曝光型渠道常见的付费方式有两种：

（1）按照资源的消耗进行付费。像CPT（Cost Per Time）是一种典型的按照时间付费的方式，网红主播录制半个小时和录制十分钟的内容，价格是不一样的。除此之外，放在不同位置、不同时间的广告内容，以及在这个渠道上投放一天还是投放两天，价格也是不同的。

（2）按照展示所覆盖的用户能够带来的初步效果进行付费。常见的就是CPC（Cost Per Click）、CPD（Cost Per Download）。CPC，按照点击量付费；

CPD，按照下载量付费。像上文提到的活动Banner位置广告，通常会按照CPT（按时间）付费，有的也按CPM（按千次展现）付费。广点通信息流里面的广告，通常按照CPC（按点击）来付费。当然，现在也出现了一些曝光型的渠道按照CPT（按时间）+CPS（按分成）或者按CPT（按时间）+CPC（按点击）以展现叠加的效果收费的方式。

3.1.2　销售转化型

销售转化型渠道，目的是获取精准用户的付费转化。而能够形成转化的关键影响因素是：用户对产品服务能不能够快速形成认知和认同。

销售转化型渠道，是我们日常产品运营工作中需要花费精力最多的一类渠道，因为这是实实在在带来效果、贡献收入的渠道类型。

时至今日，很多电商网站最大的销售收入的渠道来源仍然是百度搜索。百度搜索广告就是一种销售转化型的广告，因为用户通过关键词搜索，得以看到展现的广告，所以广告内容和用户想要搜索的关键信息存在强相关性，这类用户是十分精准的用户，并可能搜索后直接跳转到网站内完成转化。

这类销售转化型的渠道需要精准地匹配用户需求才有可能完成销售转化。百度搜索之所以仍然是有效的销售转化型渠道，就是因为能够精准匹配需求。而百度搜索渠道，又分为SEM（Search Engine Marketing，搜索引擎营销）渠道和SEO（Search Engine Optimization，搜索引擎优化）渠道。

SEM渠道：搜索引擎营销渠道。花钱做投放的渠道，好处是钱可以花得很精准。在什么时间段面向哪个区域的用户群体，当他们搜索哪些关键词时出什么广告，这些细节的设定都是为了达到更高精度地匹配用户需求，以便于用最少的曝光转化最多的用户。当然，广告质量以及广告出价，决定了这条广告和其他同类型广告在同一批用户面前的排序。

SEO渠道：搜索引擎优化渠道。和SEM渠道略有不同，SEO渠道是百度搜索的免费渠道，能够做好SEO，依赖的是技术，是对搜索引擎的理解，SEO渠道的目的是为了让网站更容易被搜索引擎抓取，更容易被搜索引擎理解。通过对搜索引擎更友好，让搜索引擎判断为更优质的网站，从而在用户搜索相关的关键词时，能够排在靠前的位置。

除此之外，在应用市场里做应用市场的搜索引擎优化和投放，与在百度搜索做搜索引擎优化和投放的逻辑是一样的。App覆盖的关键词和App所交付的服务价值，越容易被应用市场的搜索引擎理解，就越有可能在用户覆盖相关关键词时，排在靠前的位置。

当然，淘宝的商品搜索渠道就更是和销售的转化合为一体了，淘宝搜索广告也被称为淘宝直通车，也因此成为淘宝重要的收入来源。淘宝搜索广告和百度搜索广告的逻辑也是一致的，只是这部分流量心态上离消费决策更近，可以在淘宝平台内更直接地转化为购买行为。

还有一些销售转化型的渠道，例如分销渠道、联盟渠道都是典型的以销售为目标导向，并且以CPS（按销售）为付费方式的渠道。这种渠道从付费方式上，就容易被中小创业公司接受。分销渠道指的是该渠道的合作方式是帮助品牌直接进行销售，并且在销售过程中获取提成收入，例如，一些社区电商平台就是小米有品、京东商城的分销渠道。而联盟渠道指的是一群具备销售能力的中小平台聚集在一起，直接将销售需求和佣金发布在联盟渠道内，可以得到联盟渠道的众多有中小销售能力的渠道的支持，例如微商渠道就是一种形式的联盟渠道，只是这种联盟渠道是具备销售能力的人与人之间的联盟。

除了线上，线下也有销售转化型渠道。比如线下的商场和超市，用户走进去之后，诉求就是希望能够买点什么。这个时候用户的诉求是"我现在要买点什么东西"，而不是"我来看看你们是干什么的"。所以，如果在用户面前摆放了合适的内容，是可以即刻完成销售转化的。因此才有大量的零售品牌愿意花大价钱在商场内布展，在超市内买堆头（堆头是指超市商品所形成的商品陈列，有时是一个品牌产品单独陈列，有时会是几个品牌的组合堆头，可放在花车上，或箱式产品直接堆码在地上。堆头一般是供货商要向超市缴纳一定的费用才能申请到的。对于最佳的堆头地段，供货商甚至需要通过激烈的竞争，付出最高价才能争取得到，来自百度百科）。

3.1.3　品牌提升型

品牌提升型渠道的目的是在用户面前升级原有的品牌形象，提升用户对于品牌的接受度。接受度会被品牌的专业性、产品服务的品质感、品牌的亲和力等因素影响。

为什么机场广告这么贵，但仍然有很多品牌在机场打广告？其原因就是为了提升品牌形象。机场里多是高大上的品牌，所以用户容易认为机场的广告品牌属于高大上的品牌。

同时，专业性也是品牌形象当中重要的要素。当提升专业性时，可以思考是否有官方机构可以合作认证专业性。比如早教机构就可以和早教行业内的协会、某些大学的早期教育教授合作，这些官方认证过的身份可以直接提升早教机构的品牌形象。像旅游网站，可以通过和旅游局合作提升专业形象，一条法国旅游局认证的线路一定会比普通的法国旅游线路看起来更有专业性。

品牌亲和力的提升，仅仅依靠渠道曝光刷存在感是不够的，合适的内容策划也十分重要。央视春晚势能非常高，流量曝光能力超级强，因此成了兵家年年必争的头部内容、头部渠道。刚刚得知消息，2020年，快手力压阿里、拼多多、字节跳动，成为了央视春晚独家互动合作伙伴，这背后的原因是，几乎每个家庭必看春晚这个内容，即便没看春晚，也会在朋友圈和微博看到相关内容，和这样的内容绑定在一起，可以借由春晚互动提升品牌的亲和力，借此机会还可以让更多小城市、小镇、小村庄的用户知晓这款产品。

具备品牌提升能力的渠道，并非只有单一维度的价值，通常具备品牌提升能力的渠道，也会具备一定的流量曝光能力和渠道转化能力，甚至某些品牌提升能力强的渠道，就是大的流量曝光型的渠道，之所以在渠道类型的区分上，将渠道区分为了流量曝光、转化和品牌提升这三种，主要是为了让大家在渠道投放的时候更有目的性，更有侧重感。

但与流量曝光型渠道和转化型渠道不同的是，品牌提升型渠道带来的效果极有可能不够直接快速。

在渠道投放中难免会遇到这样的情况，就是当做投放时，不论是做销售转化，还是流量曝光，都收效甚微。这个收效甚微的背后其实是因为用户对我们不够信任，还没有形成品牌的认知。在这样一种情况下，我们需要选择一些能够提升品牌形象的渠道，加速建设用户对品牌的信任。而品牌信任逐步建设的过程，很难快速体现在流量和销售这种显性的指标上。

在传统的渠道当中，常见的品牌提升型的渠道有央视广告和线下的电梯、楼宇、机场广告，这种广告类型可以快速拉升品牌形象。微商就深谙此道，很多微商发出来的视频和图片，就是产品在央视上的广告内容，以此拉升用户对品牌的信任。

为了拉升品牌信任度，除了这种有势能的渠道以外，还可以有专业属性强的渠道，毕竟这些有势能的渠道价格很高，没有资本的支持很难在有势能的渠道上投入。一个刚刚起步，但是应用了新技术、新方法、新知识的品牌，可以和对应的专业属性强的渠道合作，比如知乎就很适合为品牌赋予知识服务者、高知人群的形象。

能够提升品牌信任度的渠道，除了典型的广告平台，还有"人"这种新渠道，在人人都是自媒体的当下，人作为提升品牌信任度的渠道价值发挥得越来越明显。

过去，通过明星代言能起到提升用户信任的作用，现在通过网红代言，也可以提升用户信任，接下来通过朋友推荐，还能够更大程度提升用户的信任，以上三种"人"的差别主要是能够覆盖的用户基数越来越小，但能够给予品牌的信任背书能力越来越强。用户不信任品牌，但用户信任这位明星、网红或者身边的朋友。

为品牌提升形象的渠道投放，看起来很费钱，一定有人想问，有没有少花钱或者不花钱的品牌提升渠道？

有，前文提到的通过用户介绍用户是一种方式，还有一种方式就是跨界合作！

花钱、花时间，还是花脑力，总要选择一个，而跨界合作就是花时间和花脑力的品牌形象提升渠道。跨界合作，通常要江湖地位对等的品牌，互相之间才可能形成跨界合作。

跨界合作的逻辑并不难，核心就是参与跨界合作的品牌把资源优势放在一起，把用户群体圈在一起，通过有趣的活动策划，有创意的内容呈现，进行互相的背书和导流。

优秀的跨界合作非常多，天猫国货节出现的周黑鸭味道的口红、六神花露水味道的鸡尾酒、大白兔味道的香水，等等精彩案例"撩拨"消费者的兴致和钱包。这里举一个和偶像经济相关的跨界合作案例。

2018年可谓偶像经济的元年，2018年8月，新希望初心酸奶赞助了芒果台的综艺节目《幻乐之城》，并借此IP拉开和果酱爱豆榜的跨界合作序幕。果酱爱豆榜有大量00后用户人群，他们对为偶像证明有强烈的目标感和集体荣誉感，因此才有了万千用户为明星打Call（打Call，网络流行词，是对喜爱的集中表达）而形成的明星榜单。出于对这样一群用户群体的洞察，新希望和果酱文化设计了这样的合作规则，粉丝可以随时根据节目的更新，为喜欢的偶像打Call投票，而投票活动与新希望的初心酸奶强绑定，线下购买后，扫描瓶盖二维码可以获得额外的投票权益，这极大地拉动了初心酸奶的销量，也成为了新希望这个老品牌在年轻人心智中广泛扎根的助推器。

新希望初心酸奶和果酱音乐跨界合作

3.2 选择渠道需要考虑的五个因素

渠道可以从类型上划分为流量曝光型、销售转化型、品牌提升型，但需要注意的是，某渠道的价值并不是单一的，而是有可能同时具备这三种价值，只是其中一种价值是该渠道的优势价值，是我们在一个具体的投放中，主要体现的价值。比如机场渠道，优势价值是品牌提升，当然也有流量曝光的价值。

既然渠道有不同的特征和价值，那么在渠道投放时，就需要选择和规划，需要关注渠道类型是什么。

并且，在不同的渠道上放置不同的内容，也会有不同的效果。以哪个效果为主，主要受下面五个因素影响：

（1）**渠道有天然属性**。比如央视有较强的品牌提升属性，央视的某些热门节目有流量曝光的属性。

渠道所发挥的作用，受渠道的天然属性影响，但也受到我们在这个渠道上的投放策略的影响。同样是央视的广告，我们选择不同频道、不同时间段，很有可能覆盖的就是不同的用户。在线上渠道，广告内容是对大部分用户曝光，还是只对精准用户曝光？广告内容以什么规则推荐给用户，也会影响渠道所发挥的效果。

（2）**渠道本身的性格。**这不是渠道的天然属性，而是渠道有没有卖货的气场。同样是商场，超市的卖货气场就比设计感十足的店铺卖货气场强许多。同样是网红渠道、视频内容，李佳琦和李子柒就是不同性格的网红，李佳琦充满了向用户推销、种草的特点，他圈定了一大拨喜欢跟着他买买买的用户。所以在李佳琦的视频中，如果讲能够提升品牌的故事，反而没有直接做销售的效果好。另一个网红李子柒，她有很文艺、很治愈的气质，视频中也总是手工造纸、造床、造摇篮、造笔墨纸砚这样的内容。虽然她也有自己的淘宝商城，也可以卖货，但是她本人的气质和风格决定她更适合做偏情怀、偏品牌提升型的内容投放。

（3）**选择推荐的产品和服务，产品和服务是大众型的产品服务还是小众型的产品服务，是有话题的产品服务还是没有话题的产品服务，一定会带来截然不同的效果。**某年携程曾经推出过一款86天环游世界的邮轮行程，售价大概在100万元左右，这样的行程其实不用动脑就知道销售量不可能很大，但这个产品实在是太有话题性了，太能诱发大家心中"世界那么大，我想去看看"的情怀了，虽然是小众型的产品，但仍然有很大的全网曝光量，所以在渠道选择大众的产品服务曝光更容易形成转化，而选择小众的但是有话题的产品服务更容易形成话题传播，形成曝光，所以产品服务是什么，也在很大程度上影响了渠道的效果。

（4）**内容是什么？**内容是说服用户立刻买单，还是在讲格调、讲故事、讲产品有什么价值的类型？不同的内容带来的结果一定截然不同。某年母亲节，在淘宝平台同样的位置前后放置过两个不一样内容的广告，一个广告是说母亲节我们送母亲什么大礼包可以打折，另一个广告讲述了一个故事，因为母亲一直在编织帽子，所以孝顺的女儿组织了全村的母亲编出得到设计大奖的帽子。直接为母亲节选择一个大礼包，说服用户立刻下单，这种是典型的转化型的内容。讲很有情怀的母亲节故事是典型的品牌形象提升型的内容，同时因为用户喜欢看这样的内容，也兼具了流量曝光型的价值，但从结果来看，这个故事型的广告并没有带来什么销售。

（5）**品牌是什么？**不同体量的品牌在同一个渠道上，即便曝光相似的内容，可能起到的效果也是不同的，当品牌的边界足够宽，品牌足够大，品牌在任何渠道的曝光，只要产品和服务是相对高频消费的，都有可能带来销售转化的效果。例如小米在电梯广告中推广充电线，和一个小品牌在电梯广告中推广充电线，能带来的效果定然是，小米能够快速得到这款充电线的订单，而小品牌更多的是得到品牌的流量曝光，所以在具体的渠道中，能够得到什么效果，和品牌当前是否已经有充足的流量曝光、有充分的用户认知，有着很强的相关性，这也就是品牌的边界对渠道效果的影响。

这几点当中，渠道的天然属性和渠道的性格都和选择什么渠道有关系，而推荐的产品服务、渠道上策划的内容和我们做渠道投放的具体策略有关系，品牌的边界和品牌当前所处的阶段有关系，但品牌的边界相对难以快速影响，所以要快速拿到渠道投放的结果，可以更多地从渠道的选择、产品服务的选择和内容策划这三个维度下手。在选择渠道时，即便是同一种类型的渠道也有价值的侧重点，也就是前文提到的渠道的性格。

我们认为：

渠道投放的效果=选择的渠道×产品服务×渠道个性化内容投放×品牌边界

选择的渠道=渠道的天然属性（主要解决流量曝光、销售转化、品牌提升中的哪个问题？）×渠道的性格（是卖东西，还是讲故事）

可是了解了这两个公式之后，如何更好地解决渠道投放的问题呢？这里列出5个日常工作中常见的问题：

（1）如何选择不同类型的渠道？

（2）在对渠道一无所知的情况下，如何快速启动拓展渠道流量来源？

（3）如何选择具体的合作渠道和合作优先级？

（4）在渠道上如何策划展示的内容？

（5）渠道流量导入之后，除了内容以外，还有什么需要重点考虑的因素？

我们先来谈一下第一个困惑的解决方案。

3.3 如何选择不同类型的渠道

就像上文提到的，渠道的价值有流量曝光型、销售转化型、品牌提升型。而渠道的价值不是唯一的，很多渠道三种价值同时兼备。我比较建议从品牌是否有知名度、是否有钱这四个维度来规划渠道选择的优先级。

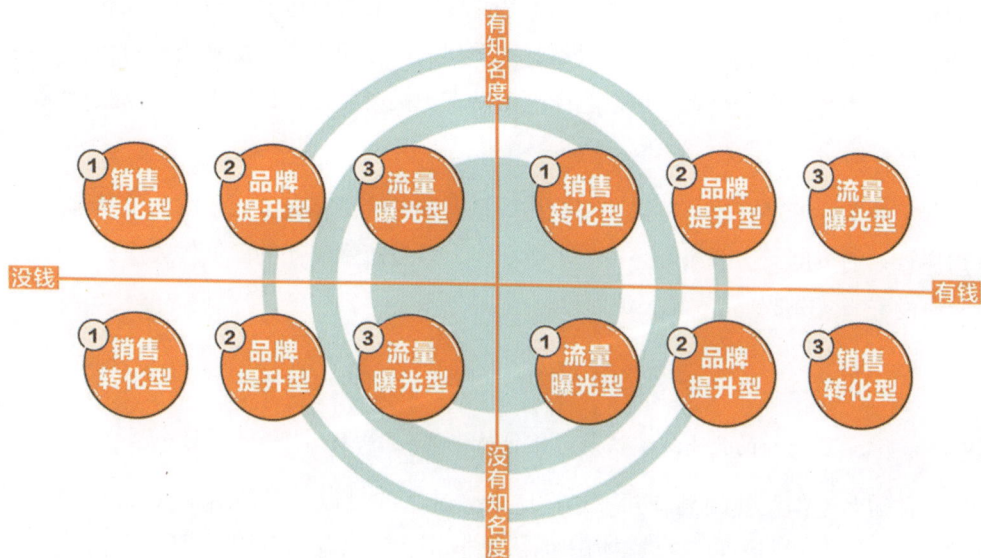

如何选择不同类型的渠道在流量推广中的使用

3.3.1　有钱有知名度的品牌

渠道选择的优先级建议是：销售转化型>品牌提升型>流量曝光型

有钱有知名度的品牌做渠道工作相对从容。当然从容并不是傻乎乎花钱，而是有很多种渠道合作方式可以选择，有钱有知名度的品牌可以选择如何配置渠道的优先级。

优先做销售转化型的渠道。如果既有钱又有知名度，这个阶段其实做流量曝光的优先级未必有那么高。我们既然有资源做渠道的投放，那就先把销售业绩做起来，充分享受已有的品牌知名度的红利，快速拓展一批有效果的渠道。知名度高的品牌，好的产品一定更容易和渠道建立合作。比如食品行业的知名产品，就可以快速和具备分销能力的每日优鲜、小米有品、网易严选这类同样具备较强销售能力的平台建立合作，促成销售。对于这些有钱有知名度的头部品牌，如果再持续以流量的曝光为最高优先级，未必能够带来企业利润的增加，毕竟品牌需要的不仅仅要用户知晓，更重要的是需要用户成交。在存在感十足，资源十足的当下，投入资源去尝试不同的销售转化渠道，集中发力，不断快速促成销售，获得业绩增长，既必要，同时也能为品牌铺垫更广泛的用户基础，为下一级增长做好准备。

选择能够提升品牌形象和调性的渠道。就像欧莱雅是大牌护肤品里面比较便宜的品牌，用户有时会把便宜和廉价划等号。这时，品牌要进一步成长，品牌的调性升级就非常必要。假如欧莱雅要做品牌提升型的广告和渠道，那就需要对标香奈儿和迪奥这类更一线的品牌，可以选择高档杂志、机场广告这样的渠道，以及一线品牌会选择的明星代言人。

另外，并不是有钱、有知名度的品牌不需要做流量曝光，流量曝光让品牌保持用户认知的热度，这个属于必备的渠道动作，只是流量曝光的渠道优先级在它的现阶段没有那么重要，放在第三位而已。

3.3.2 有知名度但没钱的品牌

渠道选择的优先级建议是：销售转化型>品牌提升型>流量曝光型

有知名度但没钱的品牌并不是指这个品牌真的没钱，而是品牌有很高的知名度，但是品牌在渠道推广这件事情上的花费非常谨慎，没有充足的预算。

很多非常有地域特色的知名品牌都有这样的特征。渠道推广能不花钱就不花钱，精力和资源都用于打磨产品服务以及销售渠道。之所以能够有这样的知名度，可能是因为产品服务好，也有可能是和消费者之间的触点多，已经在触点的累积上有了成绩。比如成都本地的知名品牌廖记棒棒鸡、米老头、黄老五花生酥都是类似的品牌，有知名度，但在渠道推广上真没花多少钱。对于这样的品牌，我的建议是，既然没有充足的预算来投入，那要优先做好销售转化型渠道。

第一优先级的渠道应通过有限的费用投入拿到尽可能多的回报，通过渠道推广快速增加利润的绝对值。当利润绝对值能够快速提升上来后，品牌就有意愿投入更多的资源给渠道推广。

第二优先级的渠道是品牌提升型的渠道，这种品牌提升型的渠道在没有费用投入的情况下，可以考虑以跨界合作的方式提升自身品牌的知名度。

对于优先级高的渠道，可以开始做一些流量曝光的渠道投放。但毕竟已经有了一些知名度，曝光需要带来增量的效果，到底可以从哪些渠道中做起，应仔细推敲，对于渠道预算比较少的知名品牌，跨界合作是最实用的手段，比如给腾讯新闻或者QQ空间一万份免费的体验装，用户可以在QQ空间里领取这个体验装。用有价值的资源可以置换到一些有较大流量曝光的资源位置。这是没有钱但是有知名度的玩法，可以靠自己的产品的价值和品牌的知名度置换很多资源，具体置换哪种类型的渠道取决于品牌现阶段需要什么样的渠道。

3.3.3 没知名度但有钱的品牌

渠道选择的优先级建议是：流量曝光型>品牌提升型>销售转化型

没知名度但有钱的企业应该怎么玩呢？首先需要有流量的曝光，让用户先认识到有这么一个品牌。因为用户为产品和服务的价值买单前，一定是先形成认知，然后形成认可，达到某种程度的认可后，用户才有可能买单。

所以对于有钱在渠道层面做投放且没有知名度的品牌，优先级最高的是做流量的曝光。我们与用户的触点相当重要，触点的数量×触点传递的有效信息=品牌。

足够的流量曝光，可以增加品牌和用户之间触点的数量，可以加强用户对品牌的认知和信任。

当触点累积到一定量级之后，紧接着的渠道优先级选择标准是——品牌提升型渠道。品牌提升型的内容和渠道可以帮助用户加强对品牌的信任，为后续的销售转化做好铺垫。

所以我们能够看到，在小红书平台上会有各种网红在某一个时间段集中推荐一款名不见经传的产品。以前你可能觉得这些产品是乡村型品牌，像城乡结合部的商场里面卖的产品，可当小红书的网红都在推荐的时候，突然重新认识了这个产品，似乎和那些海外名牌产品也没有太大差别，这就是典型的品牌提升型的渠道和品牌提升型的内容对用户形成的影响。

当流量曝光型渠道为认知打好了基础，且品牌提升型渠道为信任打好了基础，就到了销售转化型渠道闪亮登场的时候。

3.3.4 没钱没知名度的品牌

渠道选择的优先级建议是：销售转化型>品牌提升型>流量曝光型

如果是没钱也没有知名度的品牌，那做渠道推广一定是相对困难的。即便如此，我们仍然有渠道选择的优先级。既然没有足够的资源，首先一定要做销售转化型的投放。通过渠道推广这件事情，少量的投入转化出的成果来支撑公司更有信心、更有动力在渠道推广上投入更多的费用，从而拿到更多的销售转化。

当然，没钱没知名度的品牌可以在销售转化型渠道上持续投入更长时间，先不着急考虑其他渠道类型，比如最近笔者服务的护肤品牌和茶叶品牌就是没有知名度的初创品牌，并且在渠道投入上也没有太多预算，所以首先通过销售转化型的渠道帮助他们累积用户。在累积用户的过程中，不断挖掘用户的价值，尽可能提升用户的客单价，在这个过程中，我们并不着急开拓新的渠道，而是将已有的销售转化型的渠道带来的用户服务好，尽最大可能获取这些用户的信任和持续购买。确定挖掘用户价值的思路和方法之后，再不断累积新的销售转化型渠道带来的用户。

销售转化型的渠道带来精准并且少量的用户，这在企业的初创阶段十分珍贵，而且因为用户数量少，也要给用户更充分的服务。如果初创企业一开始就大量投放流量曝光型的渠道，引入大量用户，很有可能造成现有团队无法承接这么多的用户，无法给用户提供足够的服务，这样不仅白白流失了这些付费获得的用户，还给这些用户留下了服务不好的负面印象。

所以没钱没知名度的品牌，首先要不断加深和销售转化型渠道的合作，不急于拓展和快速累积用户，而是持续稳定地累积能够付费的更精准的用户，不断挖掘这些用户身上的价值，当在销售转化型渠道这条路上遇到瓶颈的时候，再开始品牌提升型渠道的投放，毕竟品牌是渠道投放的限制型边界，当销售转化型渠道遇到瓶颈时，就是品牌触达边界时。

而且因为欠缺知名度，和潜在用户之间的信任不够，同时渠道投放费用不足，所以可以先用免费的渠道去做品牌提升型的动作。

假设品牌提升的目的是强化品牌的专业度，那么可以选择到专业性的平台发表一些观点和文章，来提升用户对整个品牌专业性的感受。前文提到的护肤品牌，就是到专业的护肤攻略的平台上发表关于护肤品成分的观点，来提升品牌的专业度的。

假设品牌提升的目的是品质感的提升，就可以链接有品质感的平台和空间进行异业合作，在品质感空间植入品质感的服务，通过这样的合作，可以拉升品牌自身的品质感。前文提到的茶叶品牌，就是到非常有设计感的书店中，提供茶道茶艺讲座，请用户免费品茶，从而提升了茶叶的品质感。

对于没钱、没知名度的公司而言，流量曝光型渠道的优先级没有品牌提升型渠道的优先级高，因为品牌提升型曝光可以在精准的用户心中，提升品牌的信任程度，这种信任程度提升之后，销售转化就更容易达成。

把销售转化和品牌提升这两个动作搭配好，可以得到很长时间的增长。在这个过程中千万不要忘记，你的用户是你最亲密的渠道，既能帮你进行销售转化，也能帮你进行品牌提升，祝你能够收获和用户一起成长的甜蜜。

3.4 如何快速启动渠道拓展

我们常常会遇到这样的情况：

BOSS：最近抖音、快手这么火，你赶紧想办法找网红给我们推一拨，我们不给服务费哦，按照提成给他们分利润

BOSS：最近我们要推个新产品，想办法搞一堆渠道来，快速帮助我们推一拨产品吧

BOSS：我们的产品终于完成从0到1了，过去都是自然用户，现在我们要好好推广一番，搞一拨大事情，赶紧把渠道搭建好，弄些流量进来

老板眼中的渠道流量需求

可能大家都有这样的老板，都听过这样的需求。遇到这种需求时，可能大家都是一脸懵，因为对现阶段产品到底可以选择哪些渠道、过去曾经合作过哪些渠道，很有可能一无所知。

那怎么快速启动渠道的拓展从而获取流量呢？建议分三步走：自己有初步的分析→问人→问数据。

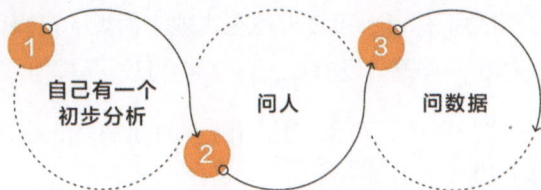

① 自己有一个初步分析 ② 问人 ③ 问数据

如何快速启动渠道的拓展

第一步，自己对渠道流量先有初步的分析。怎样去做一个初步的分析呢？这时候又回到了我们常常提到的那个关键词——场景。

本章提到的做渠道这件事情，本质上就是把一个可以触达用户的管道，放在一群相对精准的用户面前。为了思考清楚用户在哪里，首先要思考清楚场景可能有哪些；基于场景，用户群体可能有哪些；最终分析这些用户群体可能在哪些渠道上。

以一个餐饮品牌为例，餐饮品牌交付给用户的价值可能是什么？第一个交付给用户的价值是不用做饭，可以直接吃。第二个价值是这是一家菜品味道不错的餐厅，可以跟朋友一起来享受美食。

基于这两个价值，用户可能会有两种类型。一种类型是"懒人"，不想自己做饭的人，想在附近吃一点美食。第二种用户是愿意为了美食跨越大半个城市，还愿意为了美食组织聚会，愿意约朋友跨越大半个城市享受美食的人。

还有哪些情况会让用户跨越大半个城市去享受美食呢？比如我们去一个目的地旅游，要打卡这个目的地有特色的美食，所以旅游的用户人群看起来也是该餐饮品牌的用户群体。这个时候要交付的价值就是，给旅游这个用户群体当地最有特色的美食，而且它的确既有特色又好吃。

基于这些用户群体和交付给这些用户群体的价值，我们可能想到这样三个场景：旅游的人要吃本地美食，本地人为了聚会选择这个美食，附近的人可能因为不想做饭而选择了该美食品牌。

基于这三个场景，我们的潜在用户群体有旅游的人、本地聚会的人和附近的人，那么渠道投放就要触达这样一批用户群体。

在触达旅游用户群体时，要选择能触达来旅游的用户的渠道，如果选择高铁广告，那么选择目的地是本地的列车会更为精准。

在触达本地聚会用户群体时，可以考虑在本地生活类的自媒体进行投放内容，这些自媒体的用户群体，同样是喜爱美食、喜爱聚会且总是挑地点聚会的人群。

针对附近的用户这一群体，可以在店铺附近的地铁站、小区的电梯里投放广告，来达到对这批用户群体的覆盖。

第二步：问人。

在问人之前，先有初步分析十分重要，不然问的时候都不知道从何开口。要在问人之前分析清楚用户到底是谁，使用产品都有哪些场景。

在问人之前，如果已经梳理清楚了场景，那就可以更明确地进行发问。比如想要推荐本地美食给外来的旅游者，有哪些可选择的渠道？有什么样可以结算的方式？问题越具体，问到更有效、更落地、可执行的信息就会越多。

当然，问人首先需要的是找到正确的人。通常有这样一些可以问人的地方，比如行业交流的圈子。身为运营人、产品人、营销人、市场人，或多或少都在行业交流的圈子或社群里。如果不在，也可以在朋友圈问一下谁在，把你拉进去，大家可以直接在行业圈子问具体的问题。如果问题太宽泛，估计圈子里的人也无法回答，所以提前思考分析清楚具体的场景，提出具体的问题，是非常重要的。

除此之外也可以做付费咨询。比如要给餐饮品牌做渠道推广，就可以搜索预约餐饮营销、推广这类行家，看看他们是不是可以给你带来一些不同的见解，看看他们是不是可以更系统地梳理清楚餐饮品牌的渠道框架。他们曾经尝试过的推广形式和推广渠道一定比你想到的更多，可以从他们手上得到一手信息。

当然，资源交换的圈子也很好。比如我们最近要帮酒类客户找可以做直播带货的网红，在资源交换群里，提供一批渠道就可以获得一批渠道，这样可以快速地增加合作渠道的数量，也便于去跟渠道谈进一步的合作。

第三步：除了问人以外，还可以问数据。

要特别提醒一下，在问数据之前，渠道的选择是有基本功的。所谓基本功就是所属这个行业必须要做的渠道，耳熟能详的渠道。比如生活服务类型的产品，那就要考虑优先把大众点评开启。如果要开启电商平台，就要考虑淘宝商城，并且重点合作一些淘宝客优惠券平台，例如返利网、什么值得买。

这两年非常火的私域流量池也在成为渠道建设的基本功，私域流量池是区别于公域流量池的概念，私域流量池中的流量是自己的，可以反复直接地触达，并且再次触达的时候是免费的，而公域流量池中的流量，每次都需要付出资源和精力获得一次触达，而且很难反复直接地触达，而私域流量池建设，往往指的就是在微信生态内的公众号、客服微信号、社群的运营建设。如果要做渠道流量的拓展，连微信公众号都没有，那肯定是不行的。用户在某个渠道看到网红推荐了某款产品，想搜索一下这个产品，结果在微信上搜不到公众号，用百度搜不到官网，这个用户会怎么想？是不是这个网红打错字了？这个世界上有没有这个品牌？这是不是一个山寨品牌？

> **"**
> **但凡运营动作，必将消耗资源。**

除此之外，社群和客服微信号在私域流量池里也扮演了重要的角色。但是否启动这两部分的运营工作可以酌情考虑，因为一旦开始就需要持续运营，一旦运营就会有成本。

当然在问数据这件事情上，我们更多是去关注竞争对手都有什么样的流量来源。了解竞争对手的流量来源，可以帮助我们快速搭建渠道，获取渠道流量。

关注流量来源，有三种比较常见的流量类型：

（1）竞品的微信生态内流量来源。可以直接在微信里搜索竞品的名称和产品，看都有哪些微信公众号进行了这个竞品的推荐，那这些推荐了竞品的微信公众号，包括这些微信公众号的同类公众号，都可以考虑作为流量来源。

（2）竞品的网站方面的流量来源。推荐使用一个工具，similarweb。这个工具可以帮助我们看到竞争对手的网站流量到底从哪个地方来，并且流向了哪些平台。它的数据来源除了浏览器插件以外，还通过网络爬虫、网络封包分析、网页资料、语义分析及统计学演算法等手段互相完善印证，最终得出的数据可以说非常精准（和很多网站的精准数据对比，流量绝对值和趋势基本一致）。

（3）自己产品和品牌的历史用户流量来源。这个数据也非常重要。我们需要统计和搜集现有的这个产品的历史用户来源有哪些。因为老用户来源十分重要，如果大部分老用户来源于某个渠道，那么这个渠道就应当是需要重视的流量来源。

3.5 如何确定合作渠道和优先级

前文提到，当做渠道推广时，某个渠道发挥的价值，到底是销售转化、流量曝光，还是品牌价值的提升，极大地影响了渠道选择的优先级，而这三种不同类型的渠道在不同时期对于品牌而言，会有不同的倾向性。

当然，要基于当下最想要的业务目标去选择渠道。但如果需要准确判断渠道能够带来的效果，应在合作的过程当中累积渠道信息，有了足够的数据支撑后，可以更方便地按照之前谈到的有钱、没钱、有知名度、没有知名度的维度做渠道的选择。

盘点渠道的目的是存档、留信息。首先要梳理清楚已有的渠道都覆盖了哪些用户群体，然后通过梳理已有的渠道，评估现有渠道能够解决哪些业务问题。

最后还要梳理这些渠道的内容的表达形式：长文案、短文案、视频、图片还是图文并存。我们是否具备这种多维度的内容表达形式？当需要的时候，是否有对应的渠道可以合作。

渠道是否充足很关键。比如要解决销售转化这个问题，如果只有一个渠道在合作，一旦和这个合作渠道闹掰，那接下来的销售转化流量来源就有不确定性。所以在做渠道盘点的时候，不断地回顾整张渠道资源库的表格，这样可以更清楚渠道的储备是否充分。

与此同时，做渠道盘点是为了基于已有的资源、业务目标，更从容地选择渠道。是否要开拓新的渠道，可以在对已有渠道盘点完成后再做判断，因为开拓新渠道所面临的成本、合作效果都有不确定性，与此同时还需要人力的投入，沟通成本也是成本。和老的渠道合作更容易拿到确定的结果。

如何盘点渠道呢？下面的表格，供读者参考和使用。

合作方	渠道类型	渠道评级	用户群体	主要合作价值	历史合作次数	历史合作深度	合作响应速度	所需投入资源	流量	活跃转化	收入转化

盘点渠道可用的表格

这个表格里面的关键词，都代表了什么含义呢？

1. 合作方

合作方的意思是指渠道合作方的名称，选择你比较喜欢的方式来描述这个合作方的名称就好。

2. 渠道类型

渠道类型通常的分类方式有新媒体渠道、网站广告、分销平台、同行网站、新美大渠道、知识类型网站、地铁广告、电梯广告、视频广告。不论是线上还是线下渠道，分类的方式有很多种，按照团队比较方便管理渠道投放的方式来命名即可。

在日常的产品运营工作中，还会在整个渠道资源库里维护一种渠道类型，即Top渠道。Top渠道就是合作最密切的渠道。这些渠道不以类型的角度来分析。Top渠道要被细化到渠道维度，统计渠道不同资源位置的数据，这样更有助于紧密跟踪Top渠道的合作效果，也更有助于加深对Top渠道的理解。

在做渠道分类时，既可以按照自己习惯的命名方式进行分类，也可以按照内容形式来做分类，比如说长文案渠道、短文案渠道、视频渠道、图片渠道、图文渠道，只要便于渠道管理、渠道分析、渠道整体构成的盘点，就是好的分类。

渠道的分类主要帮助我们想明白三件事情：

第一件事情是可以通过渠道的分类去识别每个阶段要重点沟通的渠道类型。

第二件事情是可以通过渠道类型了解是否覆盖了所需要的绝大部分渠道类型。

第三件事情是可以帮助我们在复盘的时候进行评估，哪种类型的渠道更加适合业务的流量覆盖，哪种类型的渠道更加适合业务的品牌提升，哪种类型的渠道更加适合业务的销售转化。

3. 渠道评级

评定渠道的级别，可以有助于快速厘清当下哪些是要投入更多资源、更多精力合作的渠道。渠道评级就是在帮助我们判断和渠道合作的优先级。

虽然和某个渠道合作，要投的钱相对确定，但是不同渠道所投入的精力有可优化分配的空间。如果认为这个渠道给我们带来的效果可能更好，那就可以花更多的时间去和这个渠道的运营沟通，看看要做哪些细化才可能收到更好的效果。

所以做渠道评级，一方面可以快速厘清精力和资源的分配优先级，另一方面也可以决定在选择合作渠道时，怎样选择先后顺序。

4. 用户群体

不同渠道能够覆盖的用户群体也要分类。用户群体的分类方式建议采用如下两种：

（1）按照用户的精准程度分类，可以分为精准用户、潜在用户或者泛用户，这样易于选择渠道时识别这个渠道带来的用户和产品服务的匹配度是怎样的。这种分类方式，更适合业务相对单一、用户群体相对较窄的垂直领域业务，例如3D设计师社区。

（2）按照不同兴趣爱好或者不同消费倾向的用户进行分类，像旅游用户，可以分为自由行用户、商旅用户。这种分类方式，更适合覆盖人群广的平台型业务，例如淘宝、携程、百度、腾讯都可以按照这样的方式分类，而且人群越广，用户分类的标签会越复杂。之前我在阿里工作时，一个用户身上的标签有二十多项，这意味着，我们从二十多种维度去对用户分类，而这二十多种维度都是用户在不同的更细颗粒度的消费倾向性。

5. 主要合作价值

了解合作方，就要了解合作价值。一个渠道应该给我们带来的合作价值包括曝光、转化和品牌提升，而且实际上有些渠道可以同时满足多种价值，对此应标记该渠道的主要合作价值是什么。

6. 历史合作次数

在对渠道的历史合作次数盘点时，如果一个渠道的合作次数相对较多，那对该渠道（也就是该合作方）所统计到的信息精准程度就较高。如果某个合作方只合作过一次，那对于它的信息统计就没那么准确。

对渠道（的用户群体）进行统计，可能有很多偶然因素使得统计不准确。对于它能够带来的合作价值、所需要投入的资源、能够带来的流量、活跃用户转化、收入转化，统计的结果随着次数的增加，势必会越来越准确，所以历史合作次数是可以帮助我们综合判断统计信息准确度的重要维度。

7. 历史合作深度

合作次数并不等于合作深度。对于一个渠道而言，它不仅只有曝光、转化、品牌提升这样的价值，可能还有别的能力和资源，比如优化渠道内容的能力、链接资本的资源。

如果在纯渠道合作以外，能够开展其他合作，那么合作深度就不是单纯的广告投放合作可以比拟的。

例如吴晓波频道公众号也有微商城，商城里有匹配吴晓波频道用户群体也就是高级知识分子的商品，如果只是把商品上架到吴晓波频道的商城里，这就是一个普普通通的分销合作，算不上什么深度合作。但如果这个商品上到吴晓波频道商城的同时，和吴晓波频道商城的团队有过一系列的讨论，明确用户群体更喜欢什么样风格的包装，并且为吴晓波频道定制了一款产品，吴晓波频道也贡献了用户画像和相关设计元素，参与了联合定制，同时还用一篇文章来推广这款产品，那这就是有深度的合作。

按照自己舒服、习惯的方式来做评级就好。如果按P0～P3的评级方式进行评级，P3是最深的合作深度，P0是最浅的合作深度。如果按照S、A、B、C、D绩效打分的方式做评级，那么S是最深度的合作，D是最浅层的合作。在合作深度维度做评级的标注，是为了帮助我们快速识别不同合作方和我们合作的深度差异，当需要开展有尝新型渠道的合作时，和合作较深的渠道更容易快速达成新的合作。

8. 合作响应速度

合作响应速度的重要性不言而喻。但是合作响应速度和深度一样，并没有客观量化的标准。比如，一个简单的合作马上就可以回复，一个复杂的合作，客观来讲两三天内回复已经算快了，况且复杂合作还会涉及持续性的跟进、讨论，所以合作的响应速度，是一个主观的评价维度。

和合作深度的评价方式一样，不论是选择P0~P3的评价方式，还是选择S、A、B、C、D这样的评价方式，按照习惯的方式评价就好，只要能够识别出来合作方的响应速度、响应效率就好，只要能够帮助我们在急需推广时，可以快速找到能够响应的合作方，就是好的评价方式。

9. 所需投入资源

所需投入资源这个指标，其实就是对渠道成本的考量，要明确和这个渠道（也称合作方）的合作成本到底是什么。这个成本包括：金钱和投入的资源。投入的资源可能是我们要给的赠品，也有可能是我们要给的曝光位置。如果以赠品方式置换曝光资源，统计时可以把这个资源进行一个直接的估值。如果是以曝光位置置换的曝光资源，可以按照浏览次数对自有的曝光资源进行估值，便于日后计算投入产出比。

10. 流量

流量即某一时间段内浏览产品服务的用户数，如果是线下门店，就是经过门店能够浏览门店服务的用户数，这是产品服务统计的基础指标，也是互联网企业的常用指标。

11. 活跃转化

$$活跃转化率=活跃用户数/流量$$

活跃转化率这个指标，主要是为了统计和评估，该渠道（也称合作方）带来的用户的有效性是什么。

活跃用户数，即在产品服务中保持活跃的用户数。但保持活跃的定义到底是什么，是需要针对每个产品自行定义的。对于地图产品来说，一周使用一次地图就算活跃用户了，但对于搜索产品来说，每天使用一次才能算作活跃用户。当然也可以从产品服务需要的有效用户的角度反推，需要用户有哪些行为，才能够证明用户是喜欢产品服务的。如果是家居类的自媒体公众号，定义活跃用户可能就是关注了公众号，并且每周点评一次公众号的用户才是活跃用户。

12. 收入转化

$$收入转化率=收入/流量$$

收入转化率这个指标，主要是统计和评估该渠道（也称合作方）带来的用户创造收入的能力是什么，通过收入转化率可以明确这类用户是不是最精准的付费用户。当需要推广新产品，需要销售转化型渠道开路时，就可以优先合作收入转化能力强的渠道。

以上的各个指标中，渠道评级的本质是进行渠道的筛选及渠道合作优先级的判断。而其他指标，是统计历史渠道合作的有效信息，可以说渠道评级是目标，是应用结果，而其他指标是基础，是渠道评级的根源信息。

3.6　如何策划在渠道上的展示内容

接下来谈一谈在渠道上怎样策划展示的内容。毕竟不是说把这个渠道的通路打开了，用户就会自然而然进来，在这个渠道上到底放置什么样的内容，才能吸引用户穿过这个渠道的管道来到我们平台上，这是我们在做渠道投放前必须思考的。

先感受几个案例。

瓜子二手车之前有个广告语：没有中间商赚差价，车主多卖钱，买家少花钱。

瓜子二手车最初的广告

很多读者都见过这个广告，在地铁站、网站、电梯间、手机上，在广告投放上可谓是花钱多多，包揽了各种流量曝光型渠道。但仔细看这个广告，是不是发现哪里怪怪的？是不是感觉有一点像骗子广告？车主多卖钱，买家又能少花钱，感觉非常矛盾。况且，二手车的买家，真的最在意少花钱吗？恐怕不是，二手车市场是一个非标市场，价格评估标准欠缺，大部分二手车买家未必真的在意少花钱，反而更在意花了这些钱买来的二手车，有没有坑，有没有不安全因素，这才是买家真正在意的内容。

众多周知，这个广告后来被撤换了，这是典型的内容表达上出了问题。

另一个案例是手机百度曾经在地铁站做的一个广告，选择地铁站覆盖典型的通勤人群，大家可以来感受一下。

手机百度曾经在地铁站做的广告

画面的文案写着"手机百度嚼薯片，你会回来赞我的""手机百度失重，你会回来赞我的"，我曾经拿这个广告向一些学员调研，大家普遍反映看起来有些不知所云，不知道到底想要表达什么。这就是典型的没有找准用户群体，也没有策划好表达的内容。

谈到地铁，就让人想起当年红遍网络的案例，网易云音乐承包杭州地铁做的刷屏文案。

网易云音乐杭州地铁广告

这个广告很多人觉得非常直击内心，说不出来为什么，但就是很喜欢。它使用的也是地铁渠道来承载内容，覆盖的用户群体也是上下班的通勤人群，但与前一个广告的不知所云不同的是，大家一看到乐评仿佛就确实看到了音乐的力量和音乐带给人的感触，乐评一下就走进了用户心里。

再和大家分享一个任天堂做的labo收纳箱的视频广告。这个广告当时植入在很多电视剧或网络视频的正片前后，也在电视媒体上进行了投放。很多人看了广告之后感觉特别爽，还在社交媒体上说羡慕现在的学生，感觉这个游戏机好像不仅是个游戏机，还多了很多的附加值。

任天堂做的labo收纳箱视频广告

对比上面这些案例，是什么因素导致这样巨大的受众感受差距呢？其实在于以下几点：

（1）有没有明确自己营销所面向的用户到底是谁。

（2）有没有找寻到用户当前的关注点。

（3）有没有选择一个合适的表达方式。

像网易云音乐，它的用户群体以年轻人为主，而年轻人的资产累积不太高，其中大部分坐地铁上下班，有意思的乐评内容能引起这群人的共鸣。大家可以想象一下，坐在地铁里上下班的那个自己，其实神经是相对放松的，尤其是在一天疲惫工作之后回家的路上，往往大脑是放空状态，不在工作状态下的大脑更感性，也更敏感。在这样一种状态下，网易云音乐那些特别容易打动人心的乐评出现在用户面前，同时又有抢眼的大面积红色的设计，使得这些乐评非常容易走进用户的内心。

很多人听歌并不是听旋律，而是听一种感觉，每个人不同的感觉就凝聚成了用户留在网易云音乐上的乐评。把这种感觉以乐评的方式表达出来，面向的是下班路上内心放空的、有些感性的、有些敏感的用户群体，用户会被这样的设计和文案快速抓住。而地铁站所表达的这种大面积内容张贴，会让用户产生共鸣之后又非常容易拍照转发，很快就形成了轰动性的传播。

能成为轰动性的传播，不仅仅是因为这件事情所包含的创意本身，还因为所有看到这个创意的人，对该渠道所传递出来的内容高度喜爱、高度认可。

再回到任天堂的游戏机视频内容，成功之处在于想清楚了营销需要面向的用户是谁，需要说服买单的对象是谁。比如任天堂游戏机，即便是小孩子很想买，但是最终决定要不要买这个游戏机的仍然是家长。所以任天堂很清楚，营销内容要面向的人群，是家长而不是孩子。家长在给孩子买游戏机时最担心的就是，孩子安于享乐，沉迷游戏无法自拔，耽误了学业。

所以，当任天堂的游戏机视频内容出现在家长面前时，很容易就打消了家长的顾虑，这个游戏机看起来是一个寓教于乐的好工具，弹钢琴、钓鱼、打球等都是家长希望孩子做的事情，通过硬纸壳的变形，和游戏机组装起来，这样的表达，真的解决了家长的担忧，把游戏机变成寓教于乐的教具。

为了证明寓教于乐的效果，单纯用文字难以说明它的效果，于是在媒介形式上，任天堂选择了视频，通过视频传达出这个游戏机真的很好玩，与此同时，对孩子们也有音乐教育、运动教育的价值。

而手机百度和瓜子二手车的广告出现了什么问题呢？"手机百度一下你会回来赞我的"这个广告，犯了两个错：

（1）**不应该放在地铁站这个渠道**。在投放的时候，北京地铁站的网络覆盖还不像今天这么全面，这个内容是要求用户去百度一下，完成手机上的操作，才能体会到这个广告的妙处的，但尴尬的是，地铁站很有可能没有手机网络信号。

（2）**选错了用户的关注点**。手机百度让用户去百度一下关键词，像"嚼薯片""失重"这样的关键词并不适合面向地铁里面的通勤用户。这个广告没有找寻到用户的关注点，还不如选择"某某流量明星的女朋友"这样的关键词。选择一些当下用户真正关注的热点放在这里，才更有可能激发用户搜索一下的冲动。

瓜子二手车这个广告的主要问题在于，没有区分营销面向的对象到底是谁。"没有中间商赚差价，车主多卖钱，买家少花钱"这个内容想要面对的对象太多了，想要传递的信息也太多了。这个内容既面向车主，又面向买家。想要同时向两种人群说清楚这两件事，又加了一个解释——没有中间商赚差价。在信息的传递上要得太多，反而谁都没说服。

如果瓜子二手车想要明确营销面向的用户群体，可以区分为卖家和买家两类用户。当在地铁站这个渠道进行投放时，这个渠道触达的用户应当是没有车的买家用户，所以在地铁广告直接讲清楚买家能够通过瓜子二手车获得的服务价值就好。当进行网络投放时，通过识别用户群体，选择更有可能有车的车主用户，针对卖家做新的营销内容，讲清楚卖家如何通过瓜子二手车多赚钱。通过对用户进行有区分度的营销内容投放，通过更清晰地识别营销面向的对象，不仅仅可以省下不少渠道投放费用，还能够策划更有说服力的渠道内容。

在策划渠道内容时，可以分几步走：

（1）明确营销面向的用户群体。

（2）找寻用户当前的关注点。

（3）选择一个合适的表达方式。

（4）串联品牌内核。

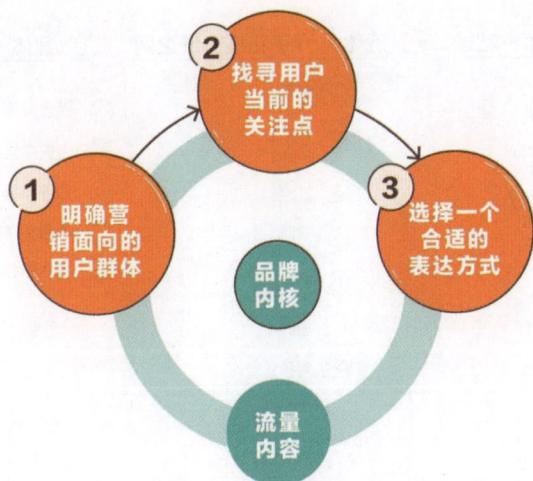

策划渠道呈现内容的步骤

当想清楚了前三点之后，还应进一步思考，围绕着品牌内核，到底选择什么样的用户群体、选择什么样的用户关注点，以及选择什么方式，才可以找到那个最恰当的内容呈现。而串联起品牌想要传递的价值和用户想要的价值是十分重要的，在后面营销思维的章节里会为大家更细致地道来。

3.7 渠道流量导入后需要关注的因素

当然，渠道流量导入之后，承接流量的部分，除了产品运营画布策划出的内容、产品本身以外，还有需要重点关注的三点：

（1）建设自己的私域流量池。

（2）充分调动用户转发的行为，分担渠道流量增长的压力。

（3）渠道投放的节奏设计。

3.7.1 建设自己的私域流量池

所谓的私域流量池，就是指可以随时随地触达的用户，并且直接向用户传递信息。

通常我们所熟知的私域流量的载体有：微信个人号、社群、公众号（服务号、订阅号），手机号、App也曾是非常重要的私域流量载体。

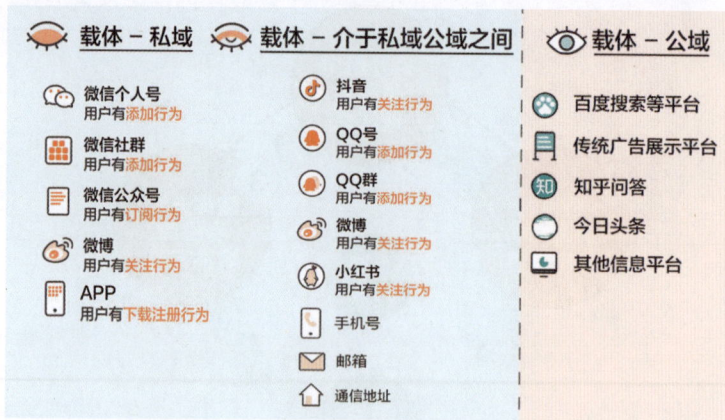

流量建设的载体

私域流量池和公域流量池其实是一个相对的概念，和用户之间的黏性越强，沟通越直接，越能够反复沟通的渠道是私域流量池，反之则不是。在微信生态发展起来之前，手机号其实是用户私域流量池的重要连接点，可时至今日手机号发一个推广短信，触达率已经降到了低于1%的程度，而运营得好的微信公众号，阅读量还能达到10%，当用个人微信号联系用户时，信息的触达率还可以更高，做得比较好的公司，个人微信号的触达率甚至做到50%以上。

所以最热门的私域流量池载体，是微信个人号、社群、公众号（服务号、订阅号）。之所以它们是众星捧月的私域流量池，不仅仅因为它们的黏性更高，更能够触达用户，更重要的是，在这些载体上，用户发生了关注、添加行为，用户是付出了一些代价，才建立和该站点的联络关系的。

除此之外，App也是一个典型的私域流量池。如果用户安装了App，我们就和用户之间有了直接触达的通道。下载和注册App，本质上也是用户的一种订阅行为，类似于订阅微信号；向用户发起App客户端的推送消息，也是直接触达用户的方式。不过现在App的打开率逐渐走低，流量向微信聚拢，很有可能有朝一日，即便用户下载了App，面对App的态度也像面对小程序一般即用即走，所以维护好微信生态内的私域流量池至关重要，但如果流量池有了百万级用户，就有必要开发App来抵御被微信封杀的风险。

这两年很多电商平台纷纷跟进的付费会员，也是私域流量池的一种形式，付费会员之所以是私域流量池的重要手段，是因为用户付出了较高的订阅成本，并且付出该成本的时候就有反复被消费的预期，付费会员有更大可能带来更高的收入，这也是电商平台纷纷效仿的重要因素。如果你的业务属于电商业务类别，不妨尝试这样的手段，但前提条件是要设计足够有吸引力的会员权益，这就需要调动营销思维、成本思维和产品思维了，当然这几种思维后面几章都会讲解。

看起来这些私域流量池的种种载体都有建设的价值，但其中最重要的仍然是微信生态内的"三件套"：微信个人号、微信公众号、微信社群。

与此同时特别提醒一点，在时机合适时，可以存储用户的手机号、邮箱和通讯地址，因为万一有朝一日，对现有私域流量的经营变得不再划算，或者出现了新的有吸引力的平台，可以把用户迁移过去。保留和用户触达的联系方式，就是我们的后手。

在私域流量建设中，有两点要特别提醒大家注意：

（1）将用户从黏性低的触点导入黏性高的触点。比如用户在抖音上关注了我们，然后下载了我们的App，我们也要想办法让用户关注微信公众号、加个人微信客服号，这样我们和用户之间的黏性才能更高。

（2）在高黏性触点上，给链接以价值。既然用户黏性这么高，要了解到我们的信息就很容易。一般情况下，用户愿意保持高黏性链接的品牌是有限的，毕竟关注力有限，所以很多用户才会想控制自己微信上的联系人总数。我们凭什么让用户将我们留在高黏性的连接站点里？一定要设计好连接站点应该交付的价值，这个价值可能是服务、权益、持续的有价值的内容更新。

当设计这个高黏性的站点时，可以从产品运营画布这个角度去思考，看这些私域流量池载体，同时也是品牌和用户之间的触点上，都可以交付哪些不同的价值。

用户与品牌之间的黏性，与私域流量池载体的多少息息相关。我们之前提到过触点会不断提醒用户加深对于品牌的认知，私域流量池的这些载体就是用户和品牌之间的触点中最核心的部门，用户能够在更多的私域流量池载体中沉淀，势必更容易成为忠诚度更高的高黏性用户，所以对于已经在私域流量池中的用户，我们也要想办法和他们建立更多的连接点，以便能够有更多触点影响用户。

3.7.2 调动用户转发，分担渠道流量压力

关于用户转发，首先需要有用户的基数，如果只有几个用户，就算这几个用户都愿意参与转发，也没有什么用。所以要想调动用户转发的行为，首先在用户基数上需要做一定程度的累积。

其次，要能够吸引用户转发。在产品运营画布的相关章节提到用户的行为=动机×能力×提醒，而行为背后有两个重要因素：利益驱动和身份认同，这两个重要因素体现在，当需要给用户提供内容时，既要有激励，也要有创意。常见的激励有：拉用户进来之后给用户奖励红包；累积几个用户，扫码之后得礼物。

营销思维可以帮我们想到更恰到好处的创意。只有足够有趣、有新意的创意才能博得用户关注，让用户参与转发。

另外，转发的产品/服务，如果相对低频，即便品质再高，用户转发带来的效果也不会太好。因为低频产品，用户看到后大概率会觉得暂时没有需求。而且，用户主动转发这样的产品，内心压力也会比较大，因为他明明知道这种低频的产品，朋友圈里选择的用户不会太多，如果还要转发的话，是不是转发有出于收益的嫌疑？

所以，一定要从业务的角度找到那些高频低价的产品，即便已有的产品都是低频产品，也可以围绕着这个业务场景去设计一些高频低价的产品，要做出高频低价的产品可以通过把产品拆分为更小的产品，例如一个婚纱照产品不适合用来做转

发，但是一个10分钟形象快照是可以用来做转发的。另外也可以用产品的周边礼物来作为转发产品，例如长时间的付费课程可以选择书籍作为转发产品。也可以寻找业务当中的高频场景来作为转发产品，例如普通人在咖啡厅喝咖啡的频次低，但可以选择"商务人士买一送一咖啡会谈"产品作为转发产品，因为商务人士在咖啡厅商务会谈点咖啡，是相对高频的场景。

3.7.3 渠道投放的节奏设计

渠道投放的节奏也很重要，这决定了每一个时间点渠道投放的效果。假设是一个初创品牌，先行选择销售转化型渠道可能长期都没有办法获得对应的销售效果，那么要想办法借用其他渠道的信任来支撑产品的背书，这就是前文提到的渠道投放的优先级。而借用其他渠道的信用来做品牌提升加持是有难度的。初创品牌建议开展B端合作，B端合作也就是企业端合作，B端对于新品牌、新公司来说，只要愿意给对方资源，有相应资质，会比用户端更容易建立合作。比如可以找一些朋友圈里的意见领袖，可以通过品质和服务要求较高的合作方（比如银行的VIP中心、汽车4S店）优先合作，提升品牌的信任度。也可以通过和专业机构或者行业领域知名的教授进行合作，提升品牌的专业度。这样，有了信任基础，再来做销售转化会容易一些。

第4章

/

玩转产品运营画布和渠道流量工具

在不同业务重心下，有不同的应用倾向性。对于产品运营画布中九个要素的思考，一定不是平均用力的，而是在业务的不同重心有不一样的侧重。有人喜欢用"发展期重视体验、成长期重视新增、成熟期重视活跃、衰退期重视留存"这种业务分阶段的方式来区分。但在业务的实际操盘中，我们很难在正在运转的业务中判断目前业务到底是处于成长期、成熟期，还是衰退期。比如2014年的微博，在当时可能被认为进入了衰退期，因为微博用户数的增长停滞，也可以认为微博是在成长过程的调整期，正在重新寻找业务增长的新引擎。所以通过业务阶段去判断业务的重心并不是科学的做法。

在进行产品运营规划时，更要紧的事情是判断当前的运营重心是什么。运营重心通常指拉新、活跃和变现。它与业务的发展阶段有关系，也与创始人对于业务回报周期的预期有关系。既然谈到重心是拉新、活跃和变现，那么首先来定义一下这三个重心：

- **拉新**：获取新用户。
- **活跃**：提升整体用户活跃行为或提升用户活跃时长。
- **变现**：提升收入累积。

频次/时长，是最能证明用户的获取是否有效的指标。转发，是最能证明用户是否对产品价值有认知的指标。买单，是最能证明用户接受产品价值的指标。

从运营的动作层面上来讲，拉新和活跃涉及的运营动作有所差别。拉新的目的是为了增加活跃用户。拉新是累积活跃用户的过程指标，所以在选择渠道时，首先要判断用户群体有没有转化为活跃用户的可能，如果有，再去进行拉新合作，不然拉新动作就是无效的。而提升用户活跃度时，则是从更全局的角度思考如下问题：

- 怎样更精准地累积可以转化为活跃用户的新用户？
- 怎样快速把新的用户转化为活跃用户？
- 怎样让老的活跃用户创造更多的活跃动作和价值？
- 已经流失的用户怎样重新成为活跃用户？

当以活跃用户的视角去考虑用户累积时，活跃用户的来源是更多维的，包含了新用户、老用户、留存用户和流失用户。

以拉新为主的运营动作可以选择容易成为爆款的产品，进行产品包装，筛选出产品的闪光点，然后在外部的渠道做一系列的推广，与此同时，老用户也可以成为拉新的重要渠道。

以活跃为主的运营动作可以选择一个全站的特价活动，可以快速把用户的活跃性调动起来，以此成交更多订单。新用户则更快转化为活跃用户，已经流失的用户也可能因为特价活动回来。新用户数量虽然是活跃用户数的过程指标，但在做新用户获取和活跃用户获取时仍然有不同的运营侧重点。

谈到拉新、活跃和变现这三个重心，就必须谈谈它们都会受到哪些因素影响。所有平台（比如京东、淘宝等）都提供产品服务给用户，而产品和服务不完全由它们直接生产，很多产品和服务是由供应方提供的。

供应方、产品和服务、用户

由上图可知，用户增长的背后需要产品和服务的变化，产品和服务变化的背后，需要供应方的支持，这是一个动态平衡的过程。同样，活跃用户的增长，需要足够的新增用户作为基数，变现的增长需要足够的活跃用户作为基数，拉新、活跃和变现同样是动态平衡的过程。

可以通过三个小场景，来理解拉新、活跃和变现的平衡，也理解一下供应方、产品和服务方以及用户方的关系。

场景1：知识付费平台

最近两年风起云涌的知识付费类平台，把老师的服务和知识封装成不同类型的产品发布在平台上，对用户进行拉新、活跃、变现。如果有一段时间用户突然暴涨，那平台背后的产品和服务就需要相应去做增长。因为当用户的群体变大后，用户的需求、画像也开始变得丰富，想要的产品服务也开始变多。相应地，平台就需要衔接更多的供应方（老师）来提供更多元的产品和服务组合。

也许一开始是以互联网行业的产品运营人为主要用户，可当用户不断增长，比如增加了从研发岗位想转型做产品运营的用户，增加了传统行业从业者想转型产品运营的用户。那对应的产品服务，就应当基于这些新用户群体的特性进行改造，这样的产品服务的改造可能是重新打磨一种类型的课程，"研发如何转型做产品""传统行业如何做产品运营"，而与此同时，产品服务的供应方（讲述课程的老师），也需要有对应的改变，例如找到一些和新用户群体背景相似，能够理解这些来自研发岗位和来自传统行业从业者的老师，重新打磨课程产品。

场景2：旅游平台

如果一个旅游平台用户快速增长，那与用户相对应的旅游产品和服务也要有相应的增长。比如，旅游平台需要更多的车、导游，需要更多的酒店房间。而随着用户变多，用户群体开始有了区隔分层，有的用户可能想要更高端的产品，有的用户可能想要更平价的产品，这也需要旅游平台打包新的供应商，打包新的产品或者服务来满足增长用户的需求。

场景3：工具性产品

如麦客表单，供应方是研发团队和内容设计团队。研发团队完成产品的生产，内容设计团队为用户提供表单模板。当用户群体扩大后，用户一定会出现更细分的需求。要满足新增用户群体的新需求，就需要升级产品和服务，比如丰富表单模板，这时要考虑研发团队能不能提供灵活的表单控件，内容设计团队（供应方）能不能设计和规划更多模板。

我们不能一头扎进用户增长里。用户增长，不仅仅是用户量的增加，而是整个业务体系的增长，包括供应方的增长、产品和服务增长以及用户量的增长。

这是一个此消彼长、持续平衡的过程。通常在业务的长期发展过程中，拉新、活跃、变现，轮番登台扮演着最重要的角色。在做了一段时间拉新后，重心就要回归到活跃和变现。当用户量增加之后，要快速加强提供产品和服务的能力，不降低用户的服务品质，转化量力提升了，再做拉新才能有效地累积用户。

特别要提醒读者注意的是，当以拉新为最重要的目标时，并不代表不做活跃用户和变现的工作，只是以拉新为最重要的目标而已。在成年人的世界里，不会只有一个目标，有的是优先级。

当拉新、活跃和变现分别为业务重心时，产品运营画布和渠道流量工具有什么不同的侧重点呢？

4.1 以拉新为重

当以拉新为重时，还未被拉来的用户对产品其实是陌生的，对产品能提供什么样的价值也不明确。在这样的情况下，让还未成为新用户的潜在用户，愿意来了解产品、愿意尝试使用产品是我们的目的。

4.1.1 如何应用产品运营画布

那应该在产品运营画布的九要素里选择哪些要素来重点思考呢？

以拉新为重时，产品运营画布的九要素中需要重点关注的要素

在场景、路径、触点这三个要素中，场景是拉新时最重要的要素。对场景是否进行了充分的梳理，决定了能不能"榨干"用户的需求。对场景是否进行了准确的梳理，决定了是不是能够找到对应的精准渠道。并且，场景最容易给用户带来共鸣，当用户发现自己的需求和产品的场景产生了连接，就很容易成为产品的新用户。

以拉新为重时，核心的目标应该是频次/时长。因为在拉新时，唯一能够证明用户接受产品的价值、愿意进一步了解产品的数据指标会落在频次/时长上。为什么不是转发？理想情况下用户认可价值，就会立刻转发，但现实情况是不一定，如果用户转发了，可是没有再回到产品当中继续体验，那用户的转发行为并不代表对产品的认可，也有可能是转发给他的朋友，表示产品太垃圾，注意避坑。

营造足够高频的场景、足够精准的场景，把用户吸引进来。在用户进来之后，提升用户的频次/时长，就需要通过体验、激励规则和产品策略这三个要素来支撑。

案例解析：运营技能地图52小时销售20000册。

运营技能地图案例

运营研究社运营了一个自媒体公众号。这个自媒体公众号对于他们公司而言是一个老产品。运营技能地图是他们全新开发的一个产品。为此，运营研究社需要为运营技能地图这个新产品完成拉新。

为什么不是变现？从运营研究社自身的复盘中可以看到，他们的目标并非是在这个产品上获得收入，而是希望有更多的人可以拿到这个运营技能地图，感受到这个产品的价值。同时以运营技能地图作为公司和用户之间的新触点，不断提醒用户有运营研究社这么一个地方，可以学到运营知识。

那我们一起来剖析这个案例，看看以拉新为重时，他们是怎么做的。

首先，在做产品运营规划之前，需要分析被拉新的产品到底是什么？只有明白产品到底是什么，才能明白应该给用户营造出什么场景。

运营技能地图这个产品有几个客观现状：

（1）由一张40cm×90cm的纸质大图展现知识要点。

（2）涵盖运营八大技能方向的思考方法和知识技能点。

（3）这个产品有好评基础和购买需求。本来它只是活动赠品，但得到这个赠品的用户纷纷在朋友圈晒，继而有更多人表示想要购买。

基于这些客观现状可以思考一下，用户什么时候会使用这个产品？如此一来便找到了用户的场景。

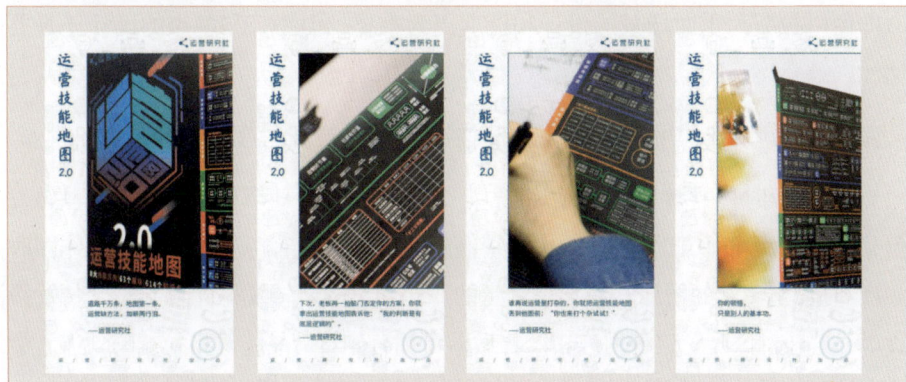

运营技能地图案例

这是运营研究社的小伙伴基于用户购买的场景总结出的一些文案，这些文案体现了用户购买这个地图的场景。

第一条："道路千万条，地图第一条。运营缺方法，加薪两行泪。"这句文案营造了运营人的一个痛点：干了很多事，也有很多工作成绩，但欠缺一个系统的方法论，很难加薪晋升。

第二条："下次，老板再一拍脑门，否定你的方案，你就拿出运营技能地图告诉他，'我的判断是有底层逻辑的。'"这句文案讲的是一个非常具体的场景，当和老板沟通时，老板否认方案，地图就可以成为一个支撑方案的证据。

"你也来打个杂试试。"这句文案营造出的场景是，有的人认为运营干的事情很基础，也很杂。运营技能地图的出现，一方面指导了运营成长和前进的方向，另一方面也让更多人明白运营到底在做什么事情。还有最后一条文案："你的领悟，只是别人的基本功。"这个场景也很真实，有些时候你十分努力才想到的方法，其实已经有前辈指过路，只要照着做就可以。

当把要营造的场景想清楚之后，接下来的事情就好办了。在营造用户使用场景时，不怕场景太细分，就怕场景没共鸣。场景明确，用户需求相对刚性和高频，吸引用户的第一步就很容易完成。

以拉新为重时，场景的优先级大于路径和触点，因为面对新用户，场景并不恒定，因此路径和触点的设计不宜过重，但路径和触点的设计仍然不能忽略。比如当用户进入了运营技能地图的详情页，他需要在这个触点明白地图到底有什么价值，看完产品详情页后可以完成下单。路径和触点设计不好，容易导致用户流失。所以即便以拉新为重时场景的设计和梳理更为重要，但路径和触点的设计还是要做到达标。

完成了拉新动作，用户进来，这个时候就要关注产品运营画布中的频次/时长。

当以频次/时长的增长作为目标时，一定不是只有这一个目标，而不关注转发。这里，只是频次/时长这个指标的优先级高于转发。有没有可能一个运营动作同时做到频次/时长和转发的增加？答案是肯定的。像常见的"转发得优惠券""转发得游戏货币""转发试听"这种用户转发之后即可拥有体验产品特权和利益的动作，会让用户在认可产品价值的情况下转发，做到用一个运营动作解决转发和频次/时长这两个指标。当然，即便能同时解决两个指标，频次/时长这个指标的重要性仍然更高。

当场景和核心目标频次/时长都明确之后，就需要通过体验、激励规则和产品策略的具体策划来完成完整的运营规划方案了。

虽然体验很重要，但这个案例从体验的角度来说，因为地图设计清晰全面，当时在行业里也没有类似的竞品，而且地图在上线售卖之前就已经好评如潮，用户喜欢这种掌控感、交付感很强的学习内容。对于这种新颖又有用的产品，它本身就拥有一个体验不错的起点。

在激励规则部分，分销运营技能地图返30%的佣金。从官方复盘中得知有20%的用户参与了分销。相对于30%的分成比例而言，20%用户数量的参与并不算很高的参与度。为什么呢？因为运营技能地图分销的设计做得非常隐蔽，用户分享的海报上并不会体现这是一个分销海报，每个人的分享图看起来都一样。同时分销权限的入口也藏得比较深，需要先关注服务号，然后在服务号中申请分销资质，流程烦琐且缺乏提醒。但也正是因为它的分销激励规则做得如此隐蔽，才有很多运营人大方参与了分销。

所以并不是激励规则的展示越明显越好。如果分销做得很明显，爱惜羽毛的用户通常不愿意分享，会觉得略失身份。我们只要把激励规则以非公开方式传递给最容易被激励的那一批用户即可。

分销激励机制到底要做得明显还是不明显，激励规则让哪些用户知晓，也是很有技巧可言的。这和产品特质有关，比如：水果、生鲜这种对所有人都有推荐价值的产品，分销规则知道的人越多越好，因为人人都会消费水果、生鲜。可是知识付费类产品，普通人的推荐未必能对用户的购买行为产生影响，而大V的推荐更有号召力，在激励规则的设计上，通过一对一沟通大V，请他们推荐分销会更好。

最后，产品策略是体现运营策略的具体手段，在这个案例里，有三个产品策略：

（1）因为用户有收货周期，所以分销返佣需要在15天之后兑现；但用户实际能得到多少返佣金额是实时更新的。

（2）首批10 000份销售完成后，运营方将剩余库存量始终控制在1 500份以下，给用户营造了下单的紧迫感。

（3）价格锚定是产品策略很重要的组成部分。运营方做得很好，运营技能地图定价49.9元，去掉分销费用，10元左右的快递和包装成本，单份销售所得收入在25元左右。

那在以拉新为重时，体验、激励规则、产品策略这三者应如何排定优先级呢？

体验＞激励规则＞产品策略

显而易见，缺少体验，用户就不会来；缺少激励规则，用户来得就不会那么多；而产品策略确保了体验和激励规则能够影响的用户范围，以及体验感的稳定程度。体验决定了用户买单，激励规则决定了用户持续买单，产品策略决定了用户覆盖范围和用户得到的及时反馈。这个排序适合绝大部分产品的拉新。

以拉新为重的时候，九要素中哪些是重点思考的要素

这里特别提醒一下，在产品策略设计中，给用户及时反馈很重要。比如分销返佣激励规则，如果告诉用户分享这个产品有30%的提成，用户大概率有意愿做推广。但背后存在一个问题，如果分销带来的回报对用户的反馈不够及时，看不到推广带来的即时收益，那么用户推广的持续动力就会受到影响。反之，当及时反馈快速且提醒明显，用户更容易得到高频次、高强度的刺激，本来只会发一条朋友圈，但因为有及时反馈，不断看到分销收入在持续增长，用户可能就会愿意发四五条朋友圈。

☆ 划重点

❶ 以拉新为主要工作时，频次/时长是目标，产品运营画布中的场景是切入重点，而体验、激励规则和产品策略是支撑桥梁。

❷ 以拉新为主要工作时，体验>激励规则>产品策略。

❸ 如果有一个运营动作能同时实现频次/时长、转发和客单价的提升，当然最好，但如果没有找到这样的运营动作，频次/时长是优先级更高的目标项。

运营技能地图的用户群体就是运营人，那该怎样选择合适的触达渠道呢？

运营技能地图的运营方属于有知名度、没有预算的类型，所以渠道的选择优先级应当是：

（1）销售转化型

（2）品牌提升型

（3）流量曝光型

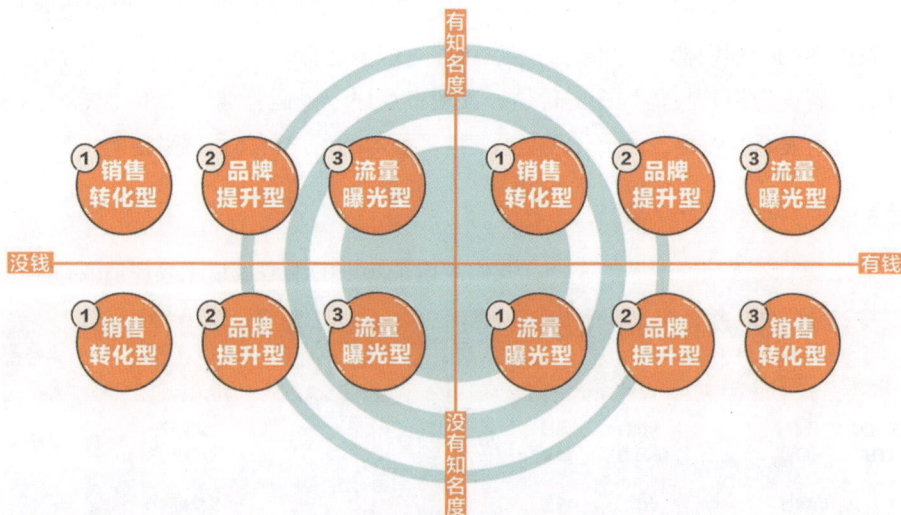

不同类型的渠道该如何选择

一份运营技能地图49.9元，客单价低、有印刷周期，且不以销售盈利为目的，更重视在行业内的影响力传递，从发货及时性、客单价和产品定位来说并没有足够的利润支撑渠道投放的费用，直接采用分销裂变的方式更为合适。只要找到运营领域的KOL（关键意见领袖），就可以撬动这项工作，同时为品牌带来提升，也为运营地图带来信任背书。

运营研究社的最终销售结果，也印证了选择分销裂变的正确性。运营技能地图排名前3%的分销员贡献了72%的分销销售收入，排名前0.4%的分销员贡献了24.2%的分销销售收入，排名前0.1%的分销员贡献了13%的分销销售收入，头部的KOL对运营技能地图整体的分销收入影响很大。（以上数据来自官方复盘）

4.1.2 设计合理的表达内容

知识付费产品不太适合赤裸裸地吆喝分销赚钱，因为知识类KOL有偶像光环，对他们而言，能够在朋友圈/社群和新媒体输出知识价值显得更为重要。

所以运营技能地图在操盘这件事情时，首先邀请运营领域KOL在朋友圈发布，把地图炒成运营圈的热门事件，一瞬间更多KOL参与进来发地图产品，刷屏朋友圈。如此一来，KOL都发了同款朋友圈，普通用户也更容易参与转发，他们在朋友圈分享技能地图这个热门事件没有思想压力。

当然，运营技能地图能成为热门事件有一个很重要的原因，它既是有"颜值"

的干货，同时又是新鲜的学习类产品。在朋友圈发布有价值的内容，用户更容易跨越转发操作的心理门槛。发布的内容也可以有很多选择，比如大家来关注分析热门事件，或者说说运营技能地图的价值，又或者点评一下运营地图操作玩法，这些都是在渠道上很好的内容，也十分匹配运营地图面对的用户群体所感兴趣的内容。

4.1.3 渠道流量工具评估表

下面基于运营技能地图的案例，我们虚拟了如下的渠道流量工具评估表。

合作方	渠道类型	渠道评级	用户群体	主要合作价值	历史合作次数	历史合作深度	合作响应速度	所需投入资源	流量	活跃转化	收入转化
某社群群主	社群KOL	____	运营学习者	流量曝光	26	P3	P3	无	覆盖1万社群用户	高	低
XXX	运营圈KOL	____	运营学习者	销售转化	0	P0	P1	无	公众号4万精准粉丝	高	高
XXX	运营圈KOL	____	运营学习者	品牌提升	25	P3	P3	无	公众号5万精准粉丝	低	低
XXX	运营圈KOL	____	运营学习者	流量曝光	2	P3	P3	10000元	公众号15万精准粉丝	高	低
XXX	运营圈KOL	____	运营学习者	品牌提升	2	P1	P2	无	粉丝社群5万	高	高
XXX	商业知识KOL	____	互联网行业从业者	流量曝光	29	P2	P3	无	公众号粉丝50万	低	低
XXX	商业知识KOL	____	互联网行业从业者	品牌提升	0	P0	P1	无	公众号粉丝5万	高	低
XX平台	运营知识自媒体	____	运营从业者	流量曝光	8	P1	P3	200份地图约2000元	公众号粉丝50万	高	低

*思考一下为这些渠道评级，填在横线上，再将书倒过来查看答案。

答案顺序：P0 P1 P0 P0 P1 P2 P3 P2

渠道流量工具

注：1.在渠道评级中，P0~P3的表达方式沿用了对产品需求优先级排序的表达方式。2.在合作深度中，P3是合作深度最深，P0是没有合作过。3.合作响应速度同样是P3代表速度最快。

比如上表中第一行的合作方为某社群的群主，渠道类型是社群KOL，历史合作次数是26次，历史合作深度是P3，合作响应速度是P3，所需投入资源是无，流量是覆盖10000社群用户，活跃转化高，收入转化低。

这里的合作深度和合作响应速度表现了渠道合作的效率。而历史合作深度代表了该渠道的信任基础。把合作次数和合作深度都放在这里作为重要参考，是因为它们并不是一回事，每一次合作都有深有浅。

比如这份地图，如果是和排行第一的社群KOL合作策划完成，那合作深度就比较深。但如果只是帮忙转发产品和文章，那就是基础合作。所以合作的次数并不等于合作的深度，但通常合作次数比较多的合作方都可以开始考虑加深合作，以便于合作关系更稳定。

另一方面，流量高的渠道，活跃转化和收入转化反而更不确定，因为用户越多，用户也就越多元，相对应的是流量类型越宽泛。用户越精准，转化效果才越好。但用户越精准往往对应的是用户类型更单一，用户量更少，所以很多时候流量高和转化率高是相背离的。在盘点渠道时，虽然图表中活跃转化、收入转化表述的用词是"高"和"低"，但其实在日常实操项目时，如果和渠道有过合作经历，就可以拿真实数据来填写，比如2%、5%的活跃转化率。计算方式是**活跃转化率=活跃用户数÷流量，订单转化率=订单数÷流量，收入转化率=收入÷流量**。

盘点在前，渠道选择在后。

如果你要为运营技能地图选择渠道，将会怎么选择？

在P0这个级别，我们选择了某社群的群主/社群KOL和两个运营圈KOL。之所以选择他们作为P0投放的优先级，核心原因是因为历史合作深度足够深，合作次数也足够多，而且合作的响应速度也不错。这意味着大家对合作能力、合作风格有全面的了解，这种情况下，这个渠道就适合放在P0里。

另一方面，P0渠道以流量曝光和品牌拉升价值为主，分销这种介于利益驱动和身份认同两种价值之间的渠道流量，优先级的策划尤为重要。最开始帮助我们做分销的KOL，一定要起到让其他KOL和用户看到之后也愿意分销的效果。这样就对应了两个要求：

（1）历史合作深度深，很清楚我们做事情能够做到什么样的水平，愿意率先合作。

（2）有流量曝光能力和品牌拉升能力，可以覆盖更多KOL和普通用户让他们知晓、认同这件事情。

在P1的选择上，重要的是选择用户数、用户活跃转化和收入转化都比较高的

KOL。他们更擅长推荐内容的策划，更擅长说服用户，形成活跃用户数和收入转化用户。这个级别的渠道是为了打样，找到一些更好的方式和内容达成更好的分销效果，以便于让更多用户参与到地图分销这件事情里面来。

当选择P0、P1后，通过P0、P1渠道的优先推广，应当可以得到如下结果：

（1）有一定基数的KOL和用户知晓这件事情，有可能愿意参与转发。

（2）知道什么内容更容易说服用户购买和转发。

所以，P2阶段要选择那些用户基数大的渠道。毕竟目标是拉新，选择流量基数大的渠道推广，让更多用户能看到运营技能地图，将地图事件推广成行业里的一个热门事件是重点。最后P3选择了已有渠道里面没合作过、流量也不算特别高的渠道。通过前面很多优质KOL的背书，再开始和对方形成合作就不难了。通过合作，可以了解合作效果以及合作方能得到的收益是什么，可以通过这个依据继续拓展新的合作方。

4.2　以活跃用户为重

许多企业的拉新能力不错，却未必能做到很好地完成活跃用户转化。活跃用户到底有多少，是每个企业在做用户运营时关注的重中之重，因为活跃用户才是业务增长的基石。

4.2.1　如何应用产品运营画布

在以活跃用户为重的时候，产品运营画布九要素里，哪些要素是需要重点关注的？

以活跃用户为重时，产品运营画布九要素中需要重点关注的要素

当以活跃用户为重时，路径和触点的重要性就体现出来了。这个时候场景相对

确定，重要的是如何在场景中梳理出用户的路径和重要的触点，然后在这些触点上设计合适的体验、激励规则和产品策略，进而影响用户是否持续活跃和买单。所以在以活跃用户为重时，首要目标是设计好触点。

另外，在以活跃用户为重时，目标是活跃用户数的累积。但活跃用户数是结果指标，之所以能够有活跃用户数的累积，一定是因为用户认可产品价值，并且愿意在认可产品价值后不断与产品交互。所以，在产品运营画布中，关键指标不仅仅是"频次/时长"，还有用户的"转发"。通过用户的转发，可以进一步肯定用户对产品价值的认可。同时通过转发，用户将自己也作为了品牌和其他用户之间的触点，为唤回其他用户活跃增加了机会。这里特别要提醒的是，"转发"是一个行为，"转发率"和"转发量"是转发行为对应的具体指标。

以活跃用户为重时，关于现状，需要重点梳理的要素是路径和触点，关于目标，需要重点梳理的要素是提升用户频次/时长以及转发次数，而要达成目标的路径是体验、激励规则和产品策略的设计。

4.2.2　以拉新为重与以活跃用户为重的差别

在以拉新为主要目标时，要获取的是用户的访问频次/时长。但是用户的访问频次/时长通常被认为是活跃指标，这意味着在以拉新为重时就要开始累积活跃用户了吗？不是的。

那当分别以拉新为重和以活跃用户为重时，我们想要得到的东西有什么差别？

在企业经营的蛮荒时代，新增用户和活跃用户是割裂的，很多渠道拓展的工作并不会考虑有多少用户能够留存下来。

但现在，即便以拉新为重，也要为得到足够多的活跃用户打下基础。新增用户只是活跃的一个过程指标，是累积足够多活跃用户的必经途径。我们想要的不再是简单的新增用户数这样的指标，而是新增足够多的有效用户，有机会转化为活跃用户的新增用户。

比如一款记单词的软件，典型的活跃用户行为是平均每周会上来背三四次单词。过去的拉新可能是去海量渠道上做投放拉新，只需在渠道的内容投放中说清楚这是一款背单词的软件，如果感兴趣就可以来。

现在做拉新，就变得更聚焦，一方面是因为流量更贵了，另一方面是因为能够满足用户需求的产品更多了，如果用户看到产品的第一眼没有动心，那可能永远也不会动心。

比如记单词的这款产品，假设通过数据分析发现，每周需要背三四次单词的用户大部分是学生，因此在锁定目标用户群体后，找到这批学生常去的网站、常聚集的地方，策划合适的内容在这些渠道和学生之间引发传播。让先参与的学生通过转发快速拉拢周围的同学，成为我们平台的有效用户，那这些有效用户，就极有可能转化为活跃用户。

随着用户成为活跃用户，我们关注的重心就转为了用户的访问频次、使用时长、使用深度，让用户愿意体验产品内更多的功能，愿意转发，也愿意参与产品的评价和评测。只有用户在我们这里使用的深度增加了，对我们的价值进一步认可了，用户付费的机会才会持续增加。

4.2.3　用户触点、激励规则和产品策略

仍以运营技能地图为例，怎样才能将运营技能地图的新用户持续地转化为运营研究社周边产品的活跃用户呢？

第一步：盘点路径

运营技能地图的路径可以分为收货前和收货后。

收货前，用户的路径可拆分为：

（1）用户好几天没有收到包裹→登录公众号查看一下快递状态→关掉。

（2）用户看到这个运营技能地图火爆刷屏→好奇这个地图现在到底销售成什么样子→网上查询一下地图的销售效果→不断地和运营同行朋友们讨论运营地图销售套路。

收货后，用户的路径可拆分为：

打开包装→查看包装的内容→把运营技能地图贴起来→拍照发朋友圈推荐→运营技能地图继续贴着（或看一下把它收好）→发完朋友圈之后和朋友互动一下，询问大家有没有收到货，感觉怎么样。比较低调的同学则省略掉拍照发朋友圈推荐这个路径。

上面梳理的路径只是常见路径，并不代表所有路径。我们需要找到最常见的路径，从中找到最有价值的触点，毕竟我们没有足够的资源去关注所有的触点。这也是路径梳理的重要意义。

> 找到影响用户心智的核心触点。在无效触点上消耗资源，是业务运营的慢性自杀。

第二步：挖掘核心触点

没有独立于路径存在的触点，要挖掘触点就一定要先梳理整个路径中的核心触点。用户在核心触点会接收信息、会停留，而非核心触点，用户则心不在焉，很难被我们影响。

在运营技能地图这个产品里，核心触点有：

（1）登录公众号查快递状态。

（2）上网查地图的销售效果。

（3）收到货之后拆包装。

（4）拍照发朋友圈推荐。

第三步：设计体验、激励规则、产品策略

找到核心触点之后，就可以围绕着频次/时长和转发指标，设计体验、激励规则、产品策略。

运营技能地图根据梳理出的核心触点，分别进行了体验、激励规则、产品策略的一系列策划：

（1）登录公众号查快递状态 →在公众号这个触点上，运营方发布了很多干货内容，用干货内容在这个触点获取用户的活跃时长，并且获得转发的机会。干货内容主要围绕着这次地图事件进行了前后总共4次复盘。同时运营方增加视频直播讲解，告诉用户地图怎么看、怎么使用。

（2）收货拆包装→ 用户收货之后查看快递内容也是一个很重要的触点。所以包装中除了运营技能地图以外，还包含运营方手写签名的一封信+一张卡片。这张卡片介绍了运营方的整个课程体系，同时还有50元优惠券，这其实是给用户的后续活跃转化和收入转化进行了埋点。

体验、激励规则和产品策略的优先级

当重心是提高用户的活跃度时，优先级的顺序就变成了：激励规则>体验>产品策略。

当以活跃用户为重时，让用户转发成为了为主要目标，我们需要花更多精力和资源设计能够引发用户转发的激励规则。

产品体验不论在做变现、活跃还是拉新的过程中，都是最重要的。在过剩的市场竞争下能否给用户优质、适合的服务，让用户信任我们，已经成为用户选择我们的基本条件。体验虽然在以活跃用户为重的前提下的优先级顺序里处于激励规则之后，但对于体验的要求已经和过去的商业世界截然不同，体验这个要素在以拉新为重时，就应当充分考虑。

⭐🔍 划重点

❶ 以活跃用户为重时，**频次/时长和转发是目标**，产品运营画布中**路径和触点是重点思考切入口**，而**体验、激励规则和产品策略依然是支持的桥梁**。

❷ 以活跃用户为重时，**激励规则＞体验＞产品策略**。

❸ 在梳理触点时，我们需要**找到那些影响用户心智的核心触点**，别在无效触点上消耗资源。

4.2.4 渠道流量该如何选择

明确了以活跃用户为重时产品运营画布的使用后，渠道流量该怎么选择？拉新的时候需要渠道，以活跃用户为重的时候也需要渠道的支持。

这个地方的渠道和之前讲到的渠道是不一样的概念。之前提到的渠道不仅仅是外部渠道，以活跃用户为重时，常常调动的是内部渠道。我们需要去梳理内部可以形成用户活跃转化的关键路径。

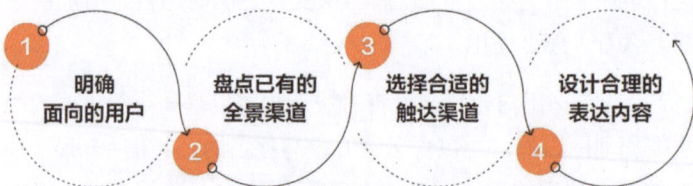

1 明确面向的用户　**2** 盘点已有的全景渠道　**3** 选择合适的触达渠道　**4** 设计合理的表达内容

以活跃用户为重点的时候，渠道流量该如何选择

在选择内部渠道的时候，首先需要思考用户从哪里来。用户不从外面来，用户从私域流量池里来。新用户汇聚到我们的平台上，通过沉淀，形成了流量池，再从流量池里面转化出活跃用户。

如何找到用户

私域流量池的概念前文已经提到过，具体可以参考下图。

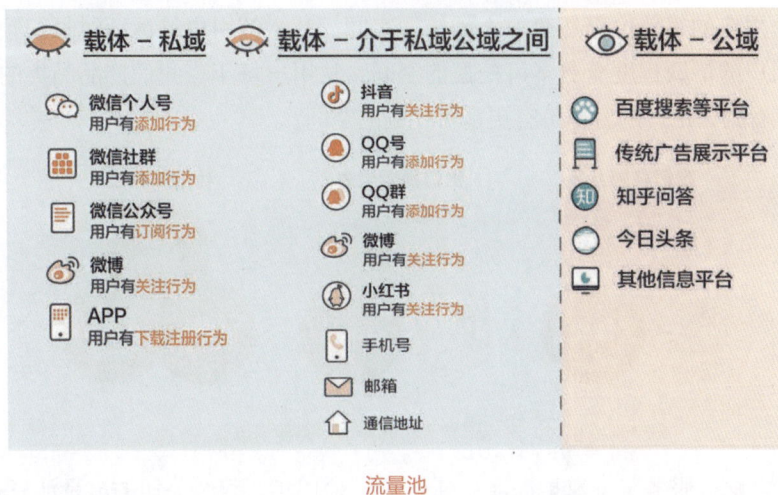

流量池

每个流量池和品牌之间的黏性是不一样的。通常来讲，微信生态（公众号、客服微信号、社群）的用户黏性较高，而其他平台，包括抖音、微博、今日头条等构建的新媒体矩阵的流量黏性较低。这里要注意一个概念，在不同平台运营一定可以形成我们在不同区域的流量池，比如在抖音的流量池、在微博的流量池。私域流量池和公域流量池其实是相对概念，如前文所提到的越是对这些用户影响力强，越是私域流量池。

首先要想办法把用户从黏性低的流量池迁移到黏性高的流量池，这样我们和用户的沟通才更加直接。与此同时，一个用户和品牌之间也是多个触点链接的关系，触点越多黏性越高。每一个触点都有可能是基于某一场景的流量池，所以也要通过各种运营动作，让用户和品牌之间的连接点、触点更多，这样和用户之间的黏性才能够更强，同时有助于针对不同业务情况，筛选合适的流量池投放，获取活跃用户的增加。

在做产品运营规划时，可以从整体流量池里筛选部分流量池优先支撑活动。在内部渠道选择上，优先级的原则是：先选黏性高的私域流量池进行活跃用户转化。

4.3 以变现为重

4.3.1 如何应用产品运营画布

以变现为重点时，产品运营画布九要素中的侧重点就变成了触点、客单价，以及体验、激励规则和产品策略。

在以变现为重时，是以客单价为重，虽然流量红利没有了，但用户的红利还在，一个用户的客单价仍然有很大的挖掘空间。从微信用户的活跃时长和频次可以看到，用户的活跃程度有更多可挖掘的空间，从用户每年在我们产品品类的消费总和上可以看到，用户的客单价有更多可挖掘的空间。

以变现为重时，产品运营画布九要素中需要重点关注的要素

笔者之前曾服务了一家护肤品初创公司。2018年，整个公司的流量池只有5000多位用户，但是一年的收入有200万元，平均客单价400元。相对于一个用户一年在护肤品类的消费总额，这家公司仍然还有可以增长的空间。2019年上半年，他们就将平均客单价做到了500元。

所以客单价对于每一家公司而言，永远都有可挖掘的空间。

要在用户身上获取更高的客单价，最重要的是想清楚：

（1）提供给用户的价值是什么？

（2）如何简单便捷地让用户得到价值？

（3）如何定价？

第一个维度，我们给用户的价值不是我们的主观判断，而是用户的客观感受，即用户的体验。我们给用户提供商品的方式、寄送商品的速度、客服的语气和服务态度、与用户沟通的专业度、微信公众号的文章质量、用户看到的有趣的活动……综合构成了我们给用户的体验和价值。

第二个维度，如何简单便捷地让用户得到价值，首先我们在触点上所曝光的信息一定要足够清晰明了。这样才可以让用户迅速判断这是一个什么样的产品，值不值得买单。

让用户简单便捷得到信息、做出判断和产品策略也有关系。

产品策略一定程度决定了用户能不能简单、快捷地得到产品的体验和价值。

第三个维度，即如何定价。对用户友好的定价，并非便宜的价格，而是让用户感受到性价比不错的价格。要快速拉升用户对于性价比的感受，有两种非常有效且百试不爽的手段：

1. 提升产品"颜值"，让产品有高端产品的"颜值"和平价产品的售价。

2. 通过价格锚定，传递高性价比。价格锚定有三种方式：

（1）对比定价。

（2）估值定价。

（3）成本定价。

这里仍然结合运营技能地图这个案例来讲一讲。

第一种定价方式：对比定价。

这是一种常见的定价方式。对于地图这个产品而言，一本书、一节在线课程、一个精装地图的价格都可以作为它的参考。比如这个运营技能地图是多位大咖，花了N个小时做出来的，对比线上课程的产出时间，就可以定出一个比较合理的价格。

当然，还有一种对比方式是，如果这个地图有简装版、精装版、VIP豪装版、签名版等，不同版本价格是不一样的，通过价格的比对，大部分用户都会选择中间价格。

第二种定价方式：估值定价，这也是经常使用的方式。比如我们找一些潜在的用户来猜价格，然后在用户猜的价格基础上取平均并降价30%。

第三种定价方式：成本定价。

成本定价就是算清楚产品的成本结构，来设定产品的价格。为了弄清楚要给渠道分多少钱，用户能够接受的价格大约是多少钱，需要一些基础信息，这些基础信息来源于之前销售过的产品，知道用户群体大概会对哪个价位的产品有偏好，也知道哪个价位的产品特别好销售。

通常情况，在定价层面上，14.9元、16.9元、19.9元的差别不是很大，29元和39

元的差别也不是很大，同样89元和98元的差别也不大，差别不大的定价，不会很强烈地影响用户的转化。

建议在产品定价上可以尝试价格逐步提升的方式，去试一试用户能接受什么样的价格，当价格达到哪个阈值，用户的转化就会明显下降。

这里要特别提醒的是，定价只是一个起点，要不断地搜集用户对这个价格的接受度及反馈，然后选择合适的节奏和策略进行调整。

4.3.2　变现时客单价如何提升

如何提升客单价呢？通常看来，客单价的提升有两种方式：

- 让用户多买份产品或服务（用$A \times N$来表示，A代表产品本身，N代表份数）
- 给产品附加价值或者打包产品销售，把客单价提高（用$A+B$表示）

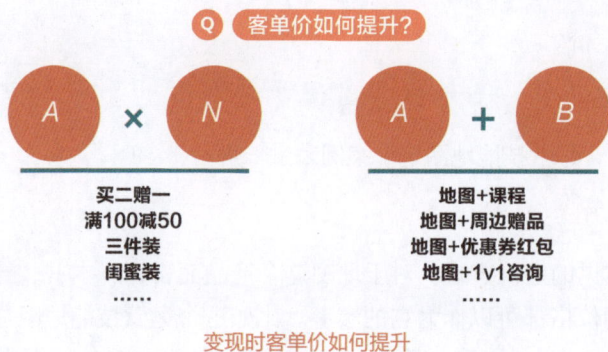

Q 客单价如何提升？

$A \times N$

买二赠一
满100减50
三件装
闺蜜装
……

$A + B$

地图+课程
地图+周边赠品
地图+优惠券红包
地图+1v1咨询
……

变现时客单价如何提升

$A \times N$是想办法卖N份产品来提升客单价。以运营技能地图为例，可以尝试三件装、五件装、团建装之类的打包销售，以此来提升客单价。

A+B是给这个产品增加附加值或者打包产品，以此来提升客单价。以技能运营地图为例，我们提高客单价的方式可以有：地图+课程、地图+周边赠品、地图+优惠券红包1000元、地图+咨询、地图+增值服务专属社群等。

4.3.3　变现时要注意的两个禁忌

每一个触点都是为了完成变现的转化，所以，这里要提两个禁忌，避免掉入坑里。

禁忌1　分散用户的注意力

用户在网上浏览各种产品，其实和我们平常在路上开车一样，会快速浏览大量的信息，如果不能第一时间抓住他，他的注意力可能立刻转移到其他地方去了。线下广告也是如此，如果路边的店铺招牌有过多信息在上面，路过的行人根本不知道商家想要表达什么，触点上的信息一定要简单，最好几个字就能表达清楚。

禁忌2　增加付费转化的路径

有的时候会看到有些强势的商家会要求用户扫码关注、加客户微信或者下载App后才能购买，这是一把双刃剑，好处是可以沉淀用户，坏处是由于购买路径过长，用户更容易流失。如果我们的业务是相对高频刚需的，用户可能愿意这么操作，例如盒马鲜生，生鲜产品对于用户而言不仅仅高频，由于盒马鲜生的品质和价格优势，用户的需求会更刚性，下载App之后才可以购买是可行的。但如果不是这样高频刚需的业务，不建议给用户增加付费转化的路径，从而影响我们的收入。

4.3.4　体验、激励规则、产品策略应当如何排序

在以变现为重时，体验、激励规则、产品策略这三个要素应该如何排序呢？

我们认为激励规则 > 体验 > 产品策略。在做变现的时候，仅仅满足于体验是不够的，此时激励规则变得更为重要，因为这个时候我们要快速说服用户完成下单。

以变现为重时，如何依赖渠道提升收入呢？第一步就是想清楚谁是付费用户群体？清楚了用户群体是谁后，我们的用户来源主要是这两类：盘活老用户和拉新用户。

理论上来说大部分的付费用户都是从活跃用户当中来的，我们首先需要通过前文提到的内部渠道，告诉这些活跃用户为什么要买新的产品。

这个部分的渠道流量主要是内部渠道，需要优先选择用户黏性比较高的内部渠道，例如微信公众号、微信社群，先影响黏性高的用户。而外部渠道如何选择呢？

同样当以变现为重时，应当选择的渠道是销售转化能力强的渠道。所以P0优先级渠道选择销售转化能力强的渠道，而P1渠道则选择没有投放费用但是活跃转化能力强的渠道。优先级更低的P2渠道，则选择有一定投入成本但是活跃转化能力强的渠道，因为历史储备的具备销售能力的渠道太有限，所以为了更高的收入目标，需要启用类似P1和P2这些活跃转化能力强，但销售转化能力不一定强的渠道，通过对这些活跃用户的影响，更进一步获取收入。

当然，渠道也是产品和用户之间的触点，随着触点的累积，会让用户在反复看

到产品之后更容易形成转化。为了能够更快形成用户的转化，所展示的内容也应当遵循简单明了的原则。

以变现为重点时，该怎么选择渠道流量？

合作方	渠道类型	渠道评级	用户群体	主要合作价值	历史合作次数	历史合作深度	合作响应速度	所需投入资源	流量	活跃转化	收入转化
某社群群主	社群KOL	＿＿	运营学习者	流量曝光	26	P3	P3	无	覆盖10000社群用户	高	低
XXX	运营圈KOL	＿＿	运营学习者	销售转化	0	P0	P1	无	公众号4W精准粉丝	高	高
XXX	运营圈KOL	＿＿	运营学习者	品牌提升	25	P3	P3	无	公众号5W精准粉丝	低	低
XXX	运营圈KOL	＿＿	运营学习者	流量曝光	2	P3	P3	10000元	公众号15W精准粉丝	高	低
XXX	运营圈KOL	＿＿	运营学习者	品牌提升	2	P1	P2	无	粉丝社群5W	高	高
XXX	商业知识KOL	＿＿	互联网行业从业者	流量曝光	29	P2	P3	无	公众号粉丝50W	低	低
XXX	商业知识KOL	＿＿	互联网行业从业者	品牌提升	0	P0	P3	无	公众号粉丝5W		
XX平台	运营知识自媒体	＿＿	运营从业者	流量曝光	8	P1	P3	200份地图约2000元	公众号粉丝50W	高	低

*思考一下为这些渠道评级，填在横线上，再将书倒过来查看答案。

（倒排答案：P1 P0 / P2 P0 / / P2）

渠道流量工具

以上内容就是如何玩转产品运营画布和渠道流量工具的全部介绍。现在不妨你也来做做自己业务当下以拉新、活跃、变现时的产品运营规划方案吧。想清楚了流量从哪里来才构成了完整的产品运营规划方案。

如果可以，请将你的方案回复到"新物种研究工作室"公众号，我们将选取部分方案来回复，与你一起探讨业务增长。

☆ 划重点

❶以变现为重点时，客单价是目标，触点让用户更直接明白产品/服务的价值，而体验、激励规则和产品策略还是支持的桥梁。

❷以变现为重点时，激励规则＞体验＞产品策略。

❸以变现为重点时，别触碰两个禁忌：分散用户注意力、增加付费转化路径。

第5章

/

把新产品运营起来

如何把新产品运营起来，是很多创业公司的困惑。有了产品/服务，如何把它售卖给用户呢？在我看来，要把一个新产品运营起来，离不开前一章讲过的以拉新、活跃、转化为重的思维方式和方法。

通常在积累了一定量的用户后，就要开始将重心转移到活跃、收入转化上，并且对于一些创业公司而言，很多时候拉新和变现是同时完成的。因为资源有限，只能把有限的运营资源、团队精力尽可能地放在那些付费用户上。

接下来，我们重点说说将新产品运营起来到底怎么做。

5.1 如何做新产品的运营规划

假设一个知识付费平台（主打产品和运营课程的互联网人在线大学）要上线一个书城，出发点是希望用户更活跃，同时交付给用户更完整的学习成长价值。如果是你，会怎么为它做从0到1的运营规划呢？

在做产品运营规划前，先要回归到产品的价值来看上线这款产品的目的是什么。为什么一个知识付费平台会上线书城产品？知识付费的产品现在已经十分常见了，用户会在多方平台学习，有的学习内容可以提供不同的视角，但有的是重叠的，如果有一个平台能够提供充足的学习场景，满足用户绝大部分需求，那这个平台的用户黏性就一定高于同行。所以一个本来只做知识付费的平台，以学习作为交付给用户的价值，在有了书城产品的加持后，可以更大程度地助力挖掘更多用户价值，沉淀更多的用户活跃行为。

在做书城从0到1的运营规划时，把新用户拉过来体验是第一阶段最重要的目标。所以这时产品运营的重心就是前文提到的拉新，重点是去思考产品运营画布中的场景、频次/时长、体验、激励规则、产品策略。

以拉新为重时产品运营画布九要素中需要关注的因素

第一步：思考用户使用时的场景

下面罗列出用户使用书城时，可能的三个场景：

（1）产品、运营的学习者，觉得仅听课不够过瘾，希望通过看书来补充知识。

（2）对平台上讲课的老师非常喜欢，想看老师推荐的书或者老师自己写的书来补充知识点。

（3）本身对互联网学习关注的用户，还没有成为平台的付费用户，但一直在默默关注着平台和几个明星老师。在这样的情况下，他们刚好看到新上线书城里的精选书单，极有可能跟着书单买书。

上线书城的前期目标是希望用户在书城停留或多次访问，也就是提升用户的频次/时长。根据使用场景，怎么围绕着频次/时长的提升来设计体验、激励规则和产品策略，是接下来需要思考的问题。

第二步：设计体验

关于书城体验，想到了两个方面：

（1）不仅有寻常的书单推荐，还有老师对推荐书籍的评价。因为现在市面上精选书单泛滥，好的书单也不少，互联网大佬常常会做自己的推荐书单，所以设计普通书单，体验如果不够好，无法形成优势。在书单的基础上叠加老师对于书籍内容的观点和解读，更能构成用户的独特体验。

（2）我们经常看到推荐就冲动地买买买，但买了之后发现这本书对现阶段的自己没什么用。怎么解决这个问题，是推荐书单可以发挥作用的地方。书单可以给用户更加明确的价值和知识，对推荐的书有更明确的预期，体验也就更好。如果能更明确书籍的价值、知识点，再加上对书籍的解读，可以给用户带来这本书更明确的预期，体验也就更好。

在用户体验方面可以做的工作有很多，比如邀请老师来贡献对书籍内容的解读。通过内容解读可以让整本书的观点和知识点更直观，也可以为这本书最适合的用户群体进行画像，让用户直接对照画像就能清楚这本书是否适合自己。

第三步：设计激励规则

激励规则的玩法有很多，但不论规则怎样设定，激励对用户一定要有价值，不要让用户觉得都是套路。

这里列举三个思路：

（1）**买书可以参与此书同款课程社群**。在知识付费平台上，本身就有对应的课程社群进行日常作业和学习内容的讨论。如果增加了书城模块，同主题课程的学员可以默认加入同主题书的社群，买书的用户也可以加入这个社群，这样大家可以更深入地去讨论。并且社群所承载的交流价值、知识价值、圈子价值，也是一种激励。

（2）**已经购买课程的学员购买同话题书或者同一老师人书可以有超低折扣**。很多老师作为知识大V，也会出版自己的书，所以如果学员购买过课程，再买相关图书可以给予超低折扣。这里的相关不能把它看成盈利点，而是对用户更完整的知识服务。一方面购买课程的用户已经是付费用户，另一方面书籍这种产品很难作为大的盈利点，各大综合电商平台上书籍几乎都是大促时的引流产品。

（3）**全年贡献50本书的知识要点总结、脑图总结的同学可以得到50本书的免费购买卡**。这样一方面可以补充上述用户所需要的内容，完善用户体验，另一方面也可以激励用户在平台上多看书。如果用户成为内容的输出方，就变成了深度参与者，一定比仅仅是一个阅读者、观察者体验更好。

当然以上这些都是术层面的探讨，有其局限性，仅供读者参考其中的思路。另外，以上给出的并非全部答案，如果读者还有更好的思路，请把它们通过微信公众号"新物种研究工作室"和我们分享，大家一起交流探讨。

在设计激励规则时，也有一些坑，这里分享一下。

我们面向的用户群体如果是高级知识分子群体或者相对高消费的人群，不适合采用简单的利益驱动的激励手段。

在用户不一定完全认可平台价值的情况下，给用户一点好处，希望用户能够转发推荐，会让用户产生一种"成本是不是会有一大部分用来做返佣？"的疑问，进而产生反感。

这让我回忆起订购减肥餐的体验。第一天收到减肥餐的时候，销售在微信上跟我说："如果你发朋友圈推荐减肥餐，就可以赠送一份鸡胸肉。"我没有理他。过了一会儿销售又跟我说："你能不能把今天收到的餐发个照片给我，我帮你看看今天收到的是什么？"这不就是想让我先拍一张照片，拍完照片后就顺便发朋友圈嘛。我拍给他，想看看他是不是按照这个套路行事。果然销售就说："你就顺便拿这个照片去发一个朋友圈推荐一下吧。"

于是，我把内心早已酝酿了两个回合的话回复给销售："我收到第一份餐还没有吃，凭什么推荐？"

在用户还没有接受、没有认可产品价值的时候，就以激励政策要求用户向朋友推荐，这是浮于表面的激励规则，越是在乎体验感的用户，越会反感这样的激励规则。

当用户属于更看重体验的用户群体时，要强化用户自我认同感上的激励，而不是简单的利益驱动。以减肥餐为例，鼓励用户在朋友圈打卡减肥过程，就比用礼品驱动用户转发朋友圈更可行。

特别是对于高客单价的产品，不太建议做成显性的激励规则，可以用两种隐蔽的方式：

（1）销售看到朋友圈里具备转化能力的用户，私下和用户沟通激励规则，并且向他承诺不会跟别人讲，这是少部分客户才可以得到的激励。

（2）销售和客服根本就不提激励规则这件事，如果用户主动问起介绍朋友是否有优惠，这个时候再和用户说会给他和他朋友什么样的好处和折扣。

第四步：设计产品策略

设计完线上书城的体验和激励规则，接着需要设计产品策略。产品策略支撑激励规则、体验，它是好体验和好激励的基础。

在线上书城产品策略的设计上，可以有三种方式。

第一种方式：基于老师对图书观点的解析，生成不同老师的推荐书单和推荐内容。

在满足用户体验的设计中，提到了老师对图书的观点和解读，那在产品策略上，就要有相应支持。可以基于老师对图书的观点和解读，生成不同老师名下推荐的书单和推荐的内容。

比如老师每次只需要提交一本书的推荐内容，平台就可以通过产品功能将内容整合，把同一个老师推荐的所有书整合在一起出一个书单，或者把同一本书下不同老师的观点整合在一起。

这个功能，可以让老师能够碎片化地生产书单和推荐内容，降低生产内容的压力和成本，同时也能提升用户体验。

第二种方式：基于课程自动推荐同话题图书，基于授课老师自动推荐同作者图书。

第三种方式：基于学员对知识点的总结，自动生成热门点评书单。

在前文讲到激励规则的设计时，提到了可以激励学员或者读者输出图书知识要点的总结文案、脑图，那么就可以根据用户提交的内容数据，盘点出解读次数和字数最多的书，生成一份热门解读书单。热门解读书单，意味着很多用户在这些书里得到了有价值的知识，是深度思考之后靠大家用大脑选出来的书单，对平台上的学习者而言更有价值。

5.2　运营规划的四个步骤

在线上书城这个案例中，用户群体在什么样的情况下想看书，就是场景。从场景中提炼出的体验有很多的可能性，比如：方便看书，看好书，更有效率地看书，看书看得更透彻，等等。如果想要确保给予的体验是准确的，运营规划的节奏就显得十分重要。好节奏是好体验的重要保障。

在书城的运营规划节奏中，可以分为四个步骤。

1	微信公众号测试体验反馈	2	明确并获得测试结果
3	选择效果更好的体验优先上线	4	上线激励规则和产品策略

运营规划的四个步骤

第一步：微信公众号测试体验反馈

如果想要知道所设计的用户体验是不是用户想要的，建议先在微信公众号做一轮测试，看看用户的体验反馈。

比如要测试"老师解读的书单"是否能够让用户更清楚书的价值，可以在微信公众号上发布不同老师推荐的书单解读文章，跟进推荐之后用户的评价、用户跳转浏览书籍、购买书籍的具体数据。

要测试"有读后感和脑图的书单"是否能够让用户更清楚书的价值，可以在公众号测试这样的内容，书单附带了不同学员的读后感和脑图，跟进用户的跳转和阅读量是什么情况。

通过测试可以明确这两种形式是不是用户比较倾向的图书推荐形式，转化率可以做到多少。

第二步：明确并获得测试结果

通过公众号的测试可以拿到如下结果：

（1）一篇文章里推荐多少本书合适。

（2）一本书的解读字数在什么范围最佳。

（3）一本书的脑图有多少份最合适。

（4）对一本书的知识解析，好的脑图和差的脑图有什么区别。

（5）以新内容形式推荐书是否比以传统的书单方式推荐书转化更好。

通过测试结果可以帮助我们做出更准确的判断。

第三步：选择效果更好的体验优先上线

在明确并获得测试结果之后，就需要选择效果更好的体验优先上线。假设已经通过数据验证得知，一个老师推荐五本书，每本书解读一百字左右是用户最喜欢的内容量，那老师在写推荐时就有了参考标准，也可以有相应的产品策略设计。

这里切记，我们选择效果更好的体验优先上线时，不能简单只看阅读量，也不能简单只看转化率，而是要首先想清楚这个阶段的目标是什么。

如果目标是用户完成购买，就要综合看阅读量和转化率的数据，如果为了给用户提供增值服务，完善用户的知识付费体验，那么目标就应当是提升用户的频次/时长，优先上线阅读量更高的内容形式。

在线上书城这个案例里，新产品从0到1的阶段，是以提升用户的频次/时长为首要目标的，所以在这个业务阶段，优先应该上线的是阅读量更高的内容形式。

第四步：上线激励规则和产品策略

以公众号文章进行测试，本质上是以人工操作的形式测试该功能，获取数据和反馈，在明确了用户更想要的体验及所对应的细节之后，就可以以产品功能的形式正式上线了。

这里需要注意的是，当激励规则以产品策略上线的时候，需要为激励规则留下一个便于随时调整、随时上下线的后门，毕竟当下的激励对当下的用户有效，但用户总是成长和善变的，对未来的用户是否有效？激励是不是可以一成不变地在平台上展示？相信答案都是否定的。

5.3　选择合作渠道，设计合作节奏

我们应该怎样把已有的用户导入书城，渠道又该如何选择呢？

(一) 盘点已有渠道

（1）自有公众号。

（2）KOL：合作的老师等。

（3）合作机构大号：135编辑器、秀米、创客贴、任务宝、Mockplus摹客等典型的线上业务工具。

（4）运营社群：自有学员社群、外部运营社群。

（5）自有产品线：自有课程、公开课、线下课等产品线。

（6）用户。

这里单独列出了用户，是因为每一个用户都可以看成是一个小渠道。裂变在最近几年玩得这么热闹，就是因为把独立的用户视为渠道，把用户的巨大能量激发出来了。

(二) 设计渠道投放节奏

盘点了已有渠道后选择渠道时首要关注的是用户群体。我们先回顾一下前文设计的场景：

（1）产品运营的学习者，光听课不过瘾，还需要看书补充知识。这样的用户群

体，可以从内部渠道的自有课程平台转化而来。

（2）对老师非常喜欢的学习者，想看老师的书来补充知识。这类用户群体，通过内部渠道、自有产品的浏览页面、运营社群也可以覆盖。当然老师本身的流量如果能用起来的话，还可以覆盖到更多的潜在用户。

（3）关注互联网知识的用户。这些用户适合用公众号、知乎等媒体去覆盖。

另外，在渠道的选择上还需要考虑成本。成本有时决定了到底应该选择哪些渠道。就这个线上书城来说，正处于测试产品的阶段，虽然已经做了用户测试，规避了一些走偏的风险，但仍然没有办法确保这个产品就是对的产品，在产品的成长过程中，一定有无数次的纠错、优化、迭代。

这时，在刚刚经过初步测试，还没有获得广泛用户认可前，如果花力气去渠道上推广书城产品，不但有可能浪费成本，而且有放大缺点的风险，带来负面反馈。所以在渠道的投放上需要把握节奏，以便于渠道投放的效果可以进一步放大，具体建议如下图所示。

| 1 私域流量池强关系渠道小范围投放 | 2 私域流量池弱关系渠道大面积投放 |
| 3 有书单内容的老师公众号发布 | 4 合作机构发布 | 5 用户裂变玩起来 |

怎么从0到1地规划渠道流量

第一步，先在私域流量池强关系渠道做小范围投放。所谓私域流量池强关系渠道，也就是平台自有的用户流量站点中用户黏性高、有更深度信任的用户流量站点。同样在私域流量池内，正在进行中的课程社群就比已经结业的课程社群有更强的连接度和用户黏性，所以即便都是私域流量池，和用户之间的关系也有弱有强，这时在正在进行中的课程社群中推荐一下授课老师的书单，转化是容易完成的。

第二步，私域流量池弱关系渠道大面积投放。比如自有的公众号，历史学员所在的社群，或者已经沉默的社群，是相对弱连接的私域流量池平台，可以在这些相对弱关系的私域流量池内进行一次全面投放。

第三步，有书单内容的老师公众号发布。当前面两轮投放完成后，就可以请外部资源来帮我们投放。比如某个老师刚好做了书单解读，可以请他用公众号发布一下这份书单解读，告诉大家可以去书城中看自己推荐的书单。

第四步，合作机构发布。如果在老师推荐了之后，流量的运转整体还不错，就可以请合作机构也发布推荐一下。

第五步，用户裂变玩起来。裂变的玩法非常多，但裂变的本质并不是裂变这种形式，而是要考虑清楚，在这个业务里：

（1）用户凭什么帮我们转发？有利益驱动，也要有身份认同。

（2）用户转发之后带来的目标用户量。一个用户应当拉几个用户才可以获得收益，规则如何设计？转发要求的设计、用户收益的设计分别如何进行？这时，需要考虑用户完成这件事情的动机和能力，也要以成本思维考虑投入产出比。

完成在渠道层面上的节奏设计后，就需要思考渠道的优先级选择问题。

（三）选择投放优先级

自有渠道一定是全面铺开推广，不论是在私域流量中选择渠道，还是在公域流量中选择渠道，都是先做强关系渠道的投放，再做弱关系渠道的投放。

基于种种情况，可以启动第3章中介绍的渠道盘点表，选择最适合的合作机构。假设这个线上书城产品属于有钱没有知名度的产品，那么选择渠道的优先级就是：流量曝光>品牌提升>销售转化。

不论是哪种类型的渠道，获取流量、获取收入的效率都是优先考虑的因素，合作深度和历史合作次数，也是辅助渠道选择时的重要维度。

5.4 案例：从0到1的阶段如何做好产品运营规划

前面从一个方面讲解了产品如何从0到1去做运营规划，但并不是所有品牌的产品从0到1都是类似的规划方式。不同规模、不同行业的品牌从0到1的产品运营规划到底有什么不同呢？下面用一个截然不同的案例来阐述。

之前我们服务过一款蜂蜜产品，完成了这款产品从0到1的产品运营规划。这款蜂蜜产品在从0到1的产品运营规划中，前后经历了以拉新为重和以变现为重两个阶段。

这里特别要提醒一下，从0到1的阶段，业务重心并不是只有拉新。从0到1的阶段，也需要获取收入，才能证明市场已经接受这款产品。

这款蜂蜜是生长在四川的深山老林、一年收取一次的天然蜂蜜，蜂农背着蜂箱走入深山老林，收取蜂蜜时还得徒步十几里山路才能把蜂蜜拿出来，所以是高成本、高品质的蜂蜜。

对于这样传统的农产品，如何完成从0到1的产品运营规划呢？

首先，这款蜂蜜面临的第一个棘手的问题肯定是拉新。毕竟一个传统农产品从0到1，没有办法快速导流形成销售转化。况且这款蜂蜜产品，没有任何用户基础。

5.4.1　第一次产品运营规划

在开始阶段，重心是拉新。所以，以拉新为重，来聊聊如何借助产品运营画布做规划。

在以拉新为重时，仍然重点关注场景、用户使用频次/时长。

(一) 场景

首先来分析一下这款高成本、高品质的蜂蜜购买的场景。当时设定的场景有两种。

（1）礼品场景：**作为礼物赠送给老人、女友、好友。**

很多人喜欢送蜂蜜给老人，因为蜂蜜对人的身体有很多益处。同时，有一些不知道该送什么礼物给女朋友的男生，也会选择蜂蜜送给女友。蜂蜜作为礼品，是比较常见的场景。

（2）健康食品场景：**对市场上销售的蜂蜜掺水、掺糖等问题不放心的蜂蜜食用者，需要找一个蜜源看起来比较靠谱的蜂蜜。**

整个市场上，蜂蜜的品质参差不齐，掺糖者有，给蜜蜂喂糖水者有，用香料糖精制蜂蜜者有。即便是真蜂蜜，一些工业化产蜜的蜂场在靠近马路的农田里，植物受到来往车辆以及农药的污染，而蜂蜜正是从这些植物上采来蜂蜜。所以对于蜂蜜食用者来说，想要找到一个靠谱的蜜源地产出的蜂蜜，也是比较常见的场景。

(二) 体验

在送礼和食品健康这两个场景下，用户想要的体验到底是什么？在当初的规划时找到了两个关键词：礼物、靠谱。

根据这两个关键词可以延伸一些营造给用户体验的设计。当时梳理出4个体验设计（如果读者有其他设想，也欢迎来微信公众号"新物种研究工作室"留言）：

（1）蜂蜜包装有强烈的仪式感，营造拆礼物的感觉。

（2）蜂蜜的靠谱体现在蜂蜜品质的可视化、可验证化。

（3）蜂蜜的靠谱体现在有问题随时能找到厂家的客服员工。

（4）和传统农家土蜂蜜、超市的精品蜂蜜相比有不一样的包装。

但和线上产品不同的是，当开始做体验梳理，进行产品运营规划时，第一版的蜂蜜产品已经生产出来了，所以对当时的我们来说，从产品层面，能做的改动就比较少。

她是蜜产品包装图

所以当时我们就在想，如果想让用户有拆礼物的感觉，现在的产品包装还不够，那只能用内容来凑。

同时，蜂蜜的靠谱品质，在这款产品的呈现上也不够可视化，用户想随时能找到卖家，从现有的包装设计上也并不支持，这些只能用其他内容来凑。

在这款蜂蜜的问题解决过程中，选择了以下方式作为短期产品运营的规划：

（1）用蜜源地实拍的照片，制作成手写明信片放在礼盒中。蜜源地好山好水好风景，用户看到这些漂亮的照片，可以通过明信片从侧面对蜂蜜的品质进行可视化的展示。同时在明信片上印刷客服二维码和公众号二维码，解决用户直接沟通的问题。

（2）在本来可以装两瓶蜂蜜的礼盒中，取出一瓶蜂蜜，换成一瓶云南墨红玫瑰，云南墨红玫瑰十分漂亮，泡开后一杯一朵，我们选择了品质最好的墨红玫瑰搭配在礼盒中，希望这样可以让用户在冲泡时有更美好的体验。

如此一来，一张手写明信片和一瓶墨红玫瑰，同时解决了上面提到的四个体验问题，玫瑰和明信片，营造出礼物的感觉，明信片有随时沟通的渠道和蜜源地的照片，蜂蜜的品质也在一定程度上可视化了。

短期规划之后，所有问题其实并没有以满分的姿态被解决，为了下一批产品的改进，还需要有长期的产品运营规划，而长期的产品运营规划，重心应当是什么呢？变现！

　　上一批次的产品虽然有各种不完美，但随着整个批次的估清，我们已经开始具备变现的能力。那么接下来的重心就是变现，作为一款典型的电商农产品，应以变现为重心做产品运营规划。

　　在以变现为重时，关键要素变成了：触点、客单价、体验、激励规则、产品策略。

以变现为重的产品运营画布关键要素图

(三) 触点

当时，设计了4个关键触点：

（1）她是蜜礼盒

（2）她是蜜官方网站

（3）蜂蜜瓶

（4）蜂蜜勺子

　　前面3个触点都很好理解，但可能你会有疑问，勺子为什么也是触点之一。很多卖咖啡的品牌明明卖的是咖啡，只用放一瓶咖啡就可以了，但有的会既放杯子又放勺子，其实就是在增加品牌和用户之间能够接触到的触点数量。因为用户看到你的频次越多，想起你的可能性就会越大，当用户再有这样的需求时，就有更多的可能来买单。所以增加蜂蜜勺子作为一个触点也是必要的。

(四) 迭代的体验

　　对于一款传统的农产品而言，有很多要素需要有延续性的考虑，例如"体验"就是需要延续、迭代变化的要素。针对体验，当时做了如下3个设计：

（1）包装盒需要优化为更有体验感的礼品式包装。

（2）需要拉官方机构对蜂蜜成分进行验证和背书。

（3）包装上需要有直接联系的互动二维码。

（五）激励规则

在激励规则层面，能玩的方法比较多，当时也设计了4项激励：

（1）自己买一盒送朋友一盒的价格优惠。

（2）老用户购买新包装的超级优惠。

（3）参与蜂蜜瓶二维码互动的优惠。

（4）两瓶套装的优惠。

这些都是常见的提升客单价、提高购买频次、鼓励用户传播和转发的激励规则。

（六）产品策略

激励规则需要产品策略的支撑。对此，设计了两类产品策略：

（1）赋予数据的特征——用数据说话的好蜂蜜。用各种各样的数据指标来量化这款蜂蜜，于是我们找到了SGS进行蜂蜜的数据化检测。

（2）赋予互动的感受——小游戏二维码。用户可以扫瓶身的二维码玩小游戏，游戏中可以赢得优惠，用优惠再来购买蜂蜜。

游戏和电商有天然的亲密感，推荐做电商的读者更多地思考如何在电商平台植入可以让用户赢得优惠券的游戏，电商平台想要的就是用户更多浏览产品的行为，因为浏览更多的产品就有更大的购买可能性。而用户在电商平台购物时，最想得到的就是优惠券。所以完全可以通过一款小游戏让用户累积浏览行为，获得游戏币，例如每浏览10件商品，游戏币就可以获得增长，有了更多游戏币就可以更容易赢得游戏，过关后，系统便奖励大额购物补贴。

（七）客单价

在新产品的迭代上，为了获得客单价的提升，我们压缩了蜂蜜玻璃瓶的容量，将蜂蜜拆分为简易包装、礼品一瓶装和礼品两瓶装这几种形式，借此来尽可能获得客单价的提升。

5.4.2 她是蜜的二次迭代

根据上面提出的产品运营规划，后期从包装、产品背书及互动上做了一系列的迭代工作。

(一) 包装

相信你一定还记得之前那个不尽如人意的紫色包装。在那之后，升级成了看起来更有礼品感的包装，打开这种包装就像开戒指盒一样，非常有仪式感，同时还有一把精致的勺子放在里面。

她是蜜迭代之后的包装图

(二) 背书和认证

为了证明蜂蜜的品质，我们也去找了权威机构。比如瑞士专门做食品认证的SGS机构，他们对蜂蜜中128项数据指标进行了严格的检测。与此同时，也和四川大学农产品加工研究院的院长合作，以院长对蜂蜜产品的鉴定方法为蜂蜜做背书。

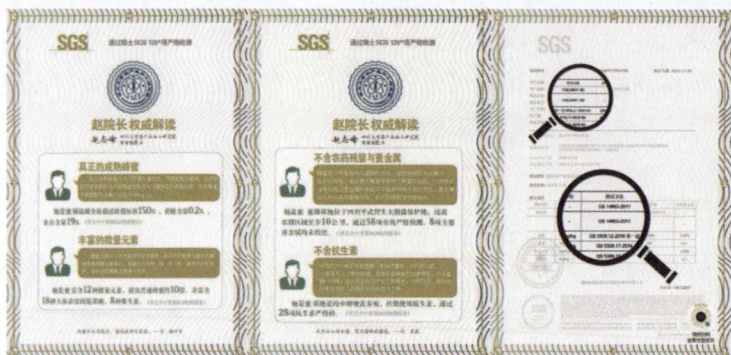

她是蜜背书和认证

(三) 互动

在互动小游戏中，扫二维码后可以打开宝箱，守护、喂养深山老林里的熊猫，完成之后，可以得到一张蜂蜜优惠券。

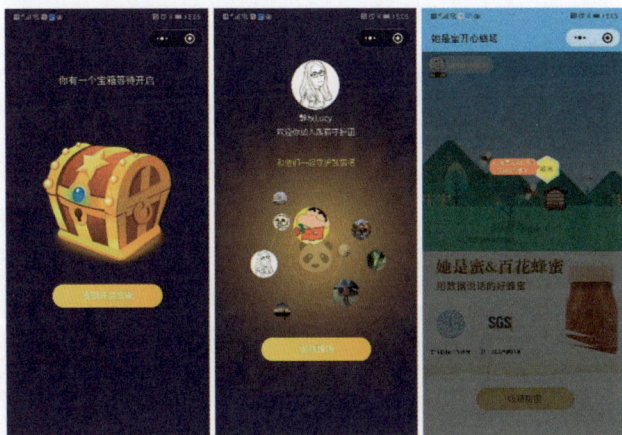

她是蜜与用户的互动游戏

5.4.3　渠道流量的规划

这款蜂蜜没有任何渠道基础，如何快速启动新用户的拓展、快速销售是渠道工作的难点。

当时我们设计了这样的渠道流量规划。

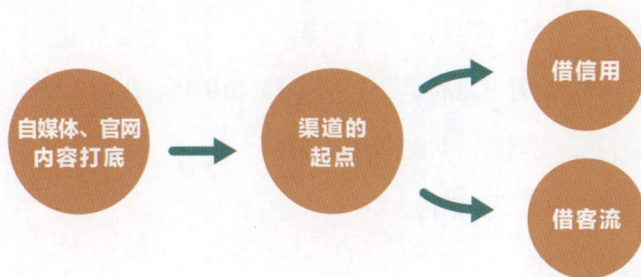

她是蜜渠道流量规划

(一) 第一步：自媒体、官网内容打底

任何一款产品当用户第一次了解或者从朋友那里听说后，都可能会搜索一下微信或百度，去了解这是一个什么样的产品，所以自媒体、官网的内容打底一定要做好。

(二) 第二步：渠道的起点

这是一个完全零基础的品牌，没有任何信用背书，没有任何用户基础，那么渠道的起点，也就是最先要投入的渠道，应能做到两点：1.借信用，2.借客流。

所谓借信用，就是要选择本身信用赋能能力强的渠道，也就是有品牌提升效果的渠道。这样的渠道为她是蜜做推荐和背书之后，用户大概率会相信她是蜜是一款好蜂蜜。借客流，就是这个渠道本身也具备一些客流能力，能够完成销售转化。

没钱没知名度的品牌，虽然在渠道选择的优先级上应当优先选择销售转化型的渠道，再选品牌提升型的渠道，但如果完全没有任何品牌铺垫，直接完成销售转化十分困难，这个时候可以选择同时具备销售转化效果和品牌提升（也就是信用背书）效果的渠道，这样的渠道能够既起到品牌背书的作用，也承担销售转化。当然，能在产品这么初始的阶段提供这样两种价值的渠道，覆盖的用户量级也不会很大。

在借信用，也就是品牌提升这件事情上，我们做了三个动作：

（1）**给朋友圈的小KOL寄送试用装尝试**。作为零基础品牌，选择朋友圈里的小KOL更容易实现合作。我们向这些朋友圈的小KOL送了蜂蜜的试用装，让他们尝试，然后请他们在朋友圈评价。

（2）**和公司渠道合作公司礼盒**。这是借公司信用的一种方式。以公司之名为零品牌的蜂蜜背书，同时获取销量。

（3）**和4S店、银行合作线下活动进行饮品赞助**。与这些本身看起来严肃、注重品质和稳定性的合作方合作，有利于信用背书。

有了一定程度的信用背书之后，终于可以好好做销售转化的事情了。

在借客流的部分，我们做了两类渠道的选择：

（1）拓展微店、微商渠道销售。

（2）拓展水果店渠道。

之所以选择这两类渠道，一方面是因为它们对于品牌的要求比较低，另一方面是因为它们有销售转化的能力。

5.4.4 渠道推广节奏

选择完渠道之后，渠道的推广节奏该如何设计呢？当时我们是这样4步走的：

（1）**完善基础信息，自媒体和官方网站先上线。**

（2）**好友圈蜂蜜食用者测评分享**。我们把试吃装寄给朋友圈的小KOL，让他们来做测评和分享。当时也希望能够搜集到更多反馈，就给他们每人发了多份试吃装，这样方便他们把蜂蜜分享出去。

她是蜜渠道推广节奏

（3）**先借信用便于后续开展合作**。这些朋友圈KOL在试吃满意的情况下会主动分享。我们也开始通过B端合作，为企业定制礼盒来获得知名企业的背书，比如，给携程定制蜂蜜礼盒，也在汽车4S店里布展，面向精准的高品质用户做推广。

（4）**拓展销售渠道助力销售**。找到微店、微商渠道和水果店。完成了KOL合作，企业定制礼盒，和4S店、银行的线下推广后，在微店、微商、水果店以及用户介绍的渠道上，才能有更多物料和内容去做分享。有了官网的信息，朋友圈KOL对蜂蜜的好评截图，大公司定制的蜂蜜，后续开展的与4S店、银行的活动图片这些物料内容后，在朋友圈里的推荐才更有说服力。

5.5 把新产品运营起来的三个关键

线上书城和她似蜜这两种业务类型从0到1的产品运营规划差别很大，当然其中也有相似之处。在从0到1的运营规划里，最重要的有三点：

（1）找到核心用户群体。

（2）找到用户愿意买单的场景。

（3）找到用户愿意持续买单的动力。

> **"**
> 新产品想突围，必须找到核心用户、用户愿意买单的场景、愿意持续买单的动力。

特别提醒，买单并不代表付费，英文里面的buy in更能准确表达这个意思，用户buy in这个价值，意味着用户愿意接受这个价值、尝试使用这个产品、认可产品的价值，这就算用户愿意买单的场景。

那么，在从0到1这个阶段，拉新是重点吗？拉新是最开始的重点工作，但不是这个阶段唯一的重点。找到核心用户群体，是拉新，但是找到用户愿意买单的场景和找到用户愿意持续买单的动力，其实是活跃和变现。所以，拉新是从0到1这个阶段需要打下的基础，但不是唯一的重心，变现和活跃也同样重要。

既然变现和活跃同样重要，那它们谁更重要呢？这个取决于我们对这款从0到1的产品的定位。

如果这款产品在业务中的定位是为了让业务的服务更完整，提升用户的体验，通过这款产品让用户和品牌之间黏性更强，那活跃用户数是最重要的指标。比如第一个案例当中的书城，平台希望它能够维护更多的活跃用户，沉淀更长的用户时间，那找到用户愿意活跃的场景，找到用户愿意持续活跃的动力，就是在做书城从0到1这件事上最重要的。

而当做她似蜜产品时，用户愿意接受这个产品的价值，几乎等于用户愿意为蜂蜜买单。在这样一种业务定位中，用户愿意买单的场景就是用户愿意付费。所以，她似蜜产品的从0到1，一定是要能够实现核心用户群体的付费，也就是变现。

针对从0到1最重要的三点如何去实现呢？

5.5.1　如何找到核心用户群体和用户买单的场景

找到核心用户群体这事好像不太难。首先，作为产品设计者、运营者，我们的核心用户群体到底是谁，其实在设计这款产品的时候心里就应当有数。科学地把核心用户群体圈定出来，可以采取2种方式：

（1）回归到场景当中去寻找核心用户。

（2）竞争分析。

(一) 回归到场景当中去寻找核心用户

对于回归到场景当中去寻找用户群体，这里提供一种用户分群的方式，要提醒大家的是，这不是唯一的方式，所有方法和工具都有应用的局限性。

但是否高频、刚需，其实不是一个是否问题，而是程度的问题，同时和用户是谁有很大关系。比如孕妈妈在温馨的环境里的场景，对即将生产且赋予的用户群体就是高频且刚需的场景，对即将生产但经济不富足的用户群体就是高频但非刚需的产品。

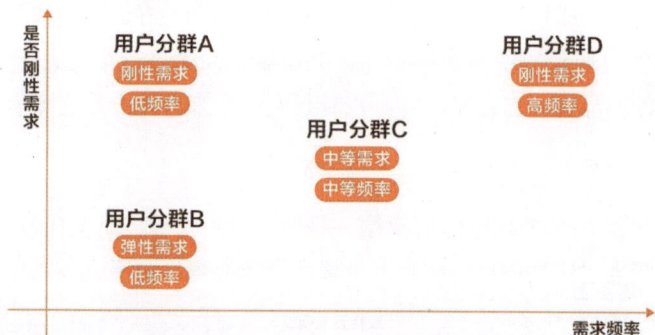

回到场景当中去寻找核心用户

关于用户分群，设想一下用户有A、B、C、D四类分群。比如像前面那个线上书城案例，对于课程学习者，也不会全年每个时间段都来学习，他只在有课程的那几个月频次高，没课的时间就不怎么来平台，这些用户整体算是相对低频的，但他的需求程度是相对刚性的，所以这类群体是偏刚需低频的用户群体A。

有一些用户是关注公众号上干货文章的典型用户，也爱学习，对书单的需求相对刚性，恨不得想要学习的新领域都有推荐书，这样的用户就是相对高频刚需的用户群体D。

还有一种用户群体C，没有那么高频，也没有那么刚需。这类用户对平台上的各种产品一直都有关注，但是一直没有下单。似乎始终没有特别打动他付费的产品，但同时又很忠诚，一推新的课程就去关注。这样的用户也是爱学习的用户，只是他学习的目标很明确，更倾向通过课程进行学习，而对通过书籍进行学习的方式就没有那么刚性和高频。

当然，还有一批用户慢慢成长为中高管，不再需要基础课程和内容，对于书单推荐也不一定认可。这个用户群体就属于不那么高频、刚需的用户群体B。

显而易见，D类高频、刚需的用户群体就是我们要找的核心用户。

(二) 在竞争分析中找到核心用户

识别核心用户群体的同时，也要去做市场竞争对手的分析。因为我们的核心用户群体很有可能也是竞争对手的核心用户群体，是否要发生正面厮杀，是我们需要取舍的问题。

如何定义这个问题没有标准答案，取决于我们的资源、优势和拥有的时间窗口。

在分析竞争对手时，最大的问题是很多人在判断竞争对手是谁的时候就选错了。比如外卖的出现使方便面市场萎缩，共享单车使卖自行车的失去了自己的大部分市场。可方便面品牌和自行车品牌都没有想到这个来自另一方的竞争对手。

这里，可以用波特五力模型来分析竞争对手都有谁。

波特五力模型是一个战略分析模型，是用于分析行业内的竞争状况的五种衡量指标。这里只重点讲讲如何运营波特五力模型，找寻竞争对手。

市场分析之波特五力模型

从波特五力模型可以看到，有的竞争对手是新进入者。新进入者比较显而易见，因为新进入者在所覆盖的行业范围内，是容易被察觉到的。比如对于滴滴出行来说，曹操专车就是一个新进入者。但对于易到用车来说，滴滴出行和快的打车是新进入者。

另外一种是容易被忽视的，叫替代者。比如外卖替代了泡面的需求，这就是替代者。替代者替代的是用户的需求和用户的时间、用户的空间及用户的金钱。比如用户在玩游戏的时候是娱乐需求，所以他的竞争对手一定不仅仅是游戏，而是那些所有可以满足用户娱乐需求的工具。当然，有的游戏对于用户而言，不是娱乐工具而是社交工具，那有可能替代的产品就不仅仅是其他游戏，还有那些社交工具。用户在金钱上的需求也能形成典型的竞争，很多女性成为妈妈后，自己的消费就降级了，因为在家庭预算中，她将这笔预算挪给了孩子使用，所以对于刚成为妈妈的女性，母婴用品中母亲的用品和婴儿的用品，就构成了预算维度的竞争者。

我们在分析替代者的时候要回归到用户需求、用户时间、用户空间以及用户的金钱上来。

另外两个维度，即供应商和顾客压力，也是常见的维度。供应商如果直接面向前台、面向用户，就可能成为我们的竞争者。比如在平台上讲课的老师，就是各个知识平台的供应商，如果这位老师自己出去做授课平台，直接面向用户，在某种程度上就存在了竞争。

另一方面，顾客的压力在电商领域也很常见，比如本来为淘宝店引流的网页自己开始经营自营商城。像返利网就是最大的淘宝客平台（返利网选择优质的产品给用户折扣，以此聚集了大量用户），每年为淘宝店铺带去大量流量，而返利网通过获取淘宝客的返佣获利。但如果他们突然开始做自营商城，这在某种程度上也成为了淘宝的竞争者。当年淘宝看到了来自微博的流量，于是通过投资的方式，达成了某种业务层面的防守。

通过波特五力模型，可以综合盘点所有的竞争者，他们所面向的核心用户群体都是谁？对我们形成的压力是什么？会不会对我们的核心用户群体造成冲击？我们要不要考虑重新选择一个核心用户群体。

找到核心用户群体的场景在介绍产品运营画布当中的"场景"要素时已经提到，这里不再赘述。

5.5.2　找到用户愿意持续买单的动力

找到核心用户群体，让他们完成第一次买单并不难，难的是让核心用户持续买单。

这里，可以用一个金字塔模型来分析这个问题。

找到核心用户群体愿意持续买单的动力图

之前提到，用户的行为=动机×能力×提醒，而愿意持续买单的动力，就是用户行为模型中，可以触发用户持续买单这个行为的动机。动机和激励有关，也和随着用户的变化，产品是不是能够持续满足，甚至超额满足用户的需求有关。

关于激励规则，我们重点来看看随着用户的变化，产品是不是能够持续满足，甚至超额满足用户的需求。

第一是用户群体发生了变化。比如微信是一个熟人社交工具，如果突然加入了很多陌生人，用户群体发生了变化，用户就不太愿意在这个平台上继续投入时间，因为用户更想在熟人社群中聊天。用户群体发生变化，会使得核心用户群体不再愿意使用该社交工具。

第二是用户需求发生了变化。用户从职场小白进阶到公司高管的过程中，所关注的职业技能也是快速变化的。在还是职场小白的时候，他对PPT、Excel、Word、时间管理之类的知识和技能有需求，在成为公司高管后更需要的是投融资、财务、管理相关的知识。这时候，如果我们的产品和服务不能跟着用户成长，用户就会离开我们。用户演变的背后，其实是用户对于产品需求的演变。

但有的时候，用户没变，他的需求也会变。从职场小白到精英，对知识的需要会不断发生变化。所以用户群体的变化、用户需求的变化，要对应产品服务的变化，而产品和服务发生变化时，激励规则的设计也要跟上，这样用户才会有持续买单的动力。

要找到核心用户愿意持续买单的动力，找到业务从0到1的立足基石，这一切都需要传统产品工作和传统运营工作的密切合作。

读完本章，你是否对如何把新产品运营起来有了一定的思路和见解？这里，再来划一次重点，当从0到1做产品运营规划时，前期通常是以用户拉新为重，但更为重要的，并不是时时刻刻都以拉新为重，对于大多数产品而言，投放到市场中，只要用户没有为之掏腰包，就不能说明这款产品被市场接受和验证了。所以，明确从0到1的业务重心，一定要以更广阔的视野和更长远的眼光来看，不能仅仅聚焦在拉新上，要关注核心用户群体是否愿意买单。

同时，在明确重心之后，还要记得结合产品运营画布和渠道流量工具来设计产品运营规划方案。在产品从0到1的规划过程中，脑袋里时时刻刻绷着这样三根弦：找到核心用户群体、找到用户愿意买单的场景、找到用户愿意持续买单的动力。

第6章

/

将运营思考落地为产品功能

身为职场中摸爬滚打出来的产品运营人，也许你也遇到过这样的场景：

（1）老板认为每次策划的活动方案太单调，想和用户有互动，让活动更有趣。仅仅依靠设计、文案形成的有趣度不够，互动的场景也难通过设计和文案营造，好像只有产品功能的支撑才能满足老板的要求，但却不知从何下手设计活动的功能。

（2）虽然运营背的KPI是提升用户转化率，但在工作中会发现，只要产品功能有一些调整改变，转化率自然而然就提高了，例如商品精准推荐、产品路径的优化。有时运营可能背的KPI是提升客单价，同样会发现只要产品功能有一些改变，单价自然而然也提高了，例如打包销售的功能。可是怎么把这些能够提升KPI的点转化为一个产品功能，是久久困扰传统运营人的问题。

（3）每天做着十几个小时的用户运营，其过程中可能会遇到这样的问题：评价页面里用户总是遇到相似的问题，重复回复实在痛苦。看评价的用户总是看到重复的回答，体验也不好，会觉得客服没有诚意。有没有什么办法自动回复常见问题，减轻一些负担？

为什么我们会特别讨论"运营思维产品化"这个话题呢？因为运营人和营销人在日常工作中，常常可以展现出很好的创意，也可以规划完整的运营转化路径，但是容易忽略产品层面的思考。

实际上运营思维的很多面都可以通过产品手段来完成。例如现在各行各业都十分流行的增长黑客、裂变、社区团购、社群电商，就是将原有的运营思维和打法产品化的结果。拼多多、淘集集、趣头条、瑞幸咖啡这些快速崛起的企业，也正是因为将原有的运营思维产品化，才获得如此高速的增长。

当企业发展度过了从0到1的阶段，证明了产品价值之后，产品研发层面的资源就可以开始以运营的业务目标为导向，以运营的思维为基础，来进行产品功能的设计了。

运营懂产品，就掌握了企业增长的核武器。产品懂运营，就拥有了企业增长的发动机。

如何用产品手段达成业务目标，在具体的业务场景下，如何选择传统的运营手段或传统的产品手段去实现企业的目标，是本章想交付给你的方法论。

6.1　在运营目标下设计和规划产品手段

下面来设想一个运营活动，并且基于该运营活动的业务目标来规划产品手段。

假设某电商平台，要做3月8日女王节的活动，目标是：

（1）通过该活动获取用户。

（2）通过活动提升电商平台整体的用户活跃行为（频次/时长）。

（3）通过活动造势形成一定影响力，为平台引入更多新用户。

所以，更具体的目标是频次/时长提升为主，转发为辅。

基于要提升用户的频次/时长这一目标，暂定活动方向是用户可以进入活动发表内容，并且该内容可以和其他用户互动，以便达成用户频次/时长的提升。具体该怎么做呢？以产品运营画布要素进行分析就是：场景是什么？路径是什么？触点是什么？

场景

场景是用户在什么情况下会参加这个活动，或者用户为什么要参加这个活动。原因可能有3种：

（1）用户在该话题上天然就有分享欲、抒情欲。所以想让用户参与活动、分享活动，就要最大程度激发用户的分享欲。

（2）用户认可活动的品质。现在的90后和95后，是一群对审美要求高，颜值即正义的用户，把控活动的品质，让用户愿意参加，也愿意告诉别人他参加了。

（3）活动中，用户可能得到的奖励。例如活动抽的奖品，给予的特别折扣，都是典型的给予用户的奖励。一个活动的设计，到底给用户什么利益点，是活动设计的基础设施。

路径

场景之后，我们来看看路径。显而易见，用户参与活动发表内容时，应该轻松知晓如何发表内容，并且用户还需要知晓如何发表高质量的内容。

谈到轻松知晓如何参与活动，不得不吐槽一些电商的活动。随着"双11""双12"的活动年年举办，活动规则也越来越复杂，很多用户参加时，根本就不知道如何获取最低价的购买通道，于是有不少用户折戟沉沙于活动规则前，干脆不凑大促的热闹。还好某些电商平台足够大，用户基数足够多，即便有部分用户懒得搞清楚大促活动规则，仍然还是有大量用户参与活动。

可对于小型电商平台来说，如果活动规则难懂，活动路径复杂，那就是"自杀"行为。所以路径的设计，要足够简单，用户轻松地知道怎么参与，以及怎么高质量地参与。

触点

在基于路径的触点上，怎样引导用户快速发表内容呢？

要实现用户快速发表内容，一定需要示例和模板。用户在很多时候，其实是因为看到了其他用户的优质内容，才引发了分享欲，所以有内容模板，更容易引发用户进入场景，产生分享欲，从而进行内容分享。

如果是相对复杂的内容，比如图文结合的海报或视频内容，除了示例以外，还需要有方便用户操作的模板，这样用户在产生了分享冲动后，才可以快速发布内容。

在我看来，用户的行为=动机×能力×提醒，上述提到的主要是如何提升用户参与的能力，如何提醒、引导用户进入分享场景，诱发分享欲。那么从动机层面，如何诱发用户的动机呢？前文提到过这个问题的答案，利益驱动或身份认同。

第一，设计激励规则，引导用户分享。

第二，分享页面格调足够高，对指定用户有充分的赞美。格调足够高，不仅指设计的格调，还有文案的格调，如此一来才更有可能引发用户的分享，吸引更多新用户来。有的网站分销海报品质做得太差，发到朋友圈，其他人连阅读海报的欲望都没有，导致分享的海报做了，可毫无效果。

第三，用户完成分享内容后心情十分好。在用户发表完内容的这个触点，需要强化用户的体验。首先需要在产品层面给用户及时反馈，告诉用户发表成功。还需要在发表完成的这个关键触点赞美用户，比如"你的颜值超过了百分之多少的用户""你是×女王系列最美的姑娘"之类的，放大用户在这个触点的体验。

如果要以产品功能的方式落地，除了场景、路径、触点这种基础的梳理，还需要基于体验、激励规则和产品策略进行一系列设计。

体验

基于女王节活动的体验，至少应当满足以下要素：

（1）营造女王的体验感。用户发表完内容后，有一种自己是女王的体验感。

（2）用户发表内容后看到的内容是相对个性化、定制化的，体验上更有专属感。

（3）可以很轻松地完成发表的过程。

（4）确保用户很清楚如何发表高质量的内容。

激励规则

为了激励用户发表内容且发表优质内容，也为了激励用户转发，可以设计如下激励规则：

（1）发表后围观浏览人数多，则有奖励。

（2）发表后点赞人数多，则有奖励。

（3）官方评判，发表质量高则有奖励。

（4）发表完成后的结果反馈页面对用户进行一些基础的激励。例如结果页：恭喜您，您是第一千个发表女王心声的女王，能够得到一千元的女王专属优惠券。

产品策略

激励规则需要产品策略支撑。只有产品在功能层面支撑，才能确保激励规则可以触达用户。在产品策略层面，基于女王节的活动也有几个要点：

（1）女王节的主题要让用户产生共鸣，想做女王。

（2）引导用户发表内容时，轮播优质内容，有助于给用户更多参考和影响。

（3）用户发表内容时可以选择不同电影里的女王形象发表。比如在英国女王、西班牙女王、埃及艳后以及武则天等女王形象中任选。用户发表内容后，可以将女王电影中的头像替换成自己的头像，生成一张包含用户自己写的文案以及自己头像的电影海报。

（4）用户发表后的即时激励和围观点赞激励。用户发表后的瞬间是一个关键触点，在这个关键触点上可以放大用户的体验，给用户更强的即时激励，以用户选择女王海报的活动思路为例，平台将电影海报生成给用户的同时呈现一句话评语，评语可以是：用户是某女王的典型人物代表，代表了什么品质。提前在后台准备好文案库，以产品策略匹配给发表内容的用户，赞美用户，让用户在这个瞬间的体验被无限放大。

完成内容后，也可以直接反馈用户，因为她的内容质量特别高、颜值超过了99%的用户，所以特别赠送给她女王节的优惠券。同时围观点赞激励是引导用户分享出去的策略。如果围观人数达到一定数量，可以兑换相应优惠券/礼物。

以上这些是可以操作的具体手段，产品策略上还可以尝试更多玩法。

6.2　百度案例拆解

为了方便读者更深入地感受到产品为运营结果带来的价值，分享一个之前在百度时，为了提高活跃用户数做的产品手段。

之前我在百度做产品经理的时候，负责百度产品的注册用户。新增用户基数很好，只是许多用户下载并打开过手机百度App之后就不再活跃了。对于当时的百度而言，用户不再活跃造成两个很严重的后果：

（1）用户就像断线的风筝，我们再也联系不上他，也触达不了他。

（2）我们不知道在哪个产品功能上让用户觉得特别不舒服，导致用户不再用百度。

基于当时用户不再活跃导致的两个后果，策划了三个产品来达成改变：

第一件：版本升级平台

很多时候你会发现难点之一是没有办法再连接上用户，没有机会再一次和用户说"你可以再尝试一下我，尝试一下新的体验你会不会喜欢。"所以当时我们上线了版本升级平台，帮助管理百度移动端的产品版本升级。

当时百度在不同渠道发布不一样版本的产品包，带来的结果是用户从不同渠道下载使用的百度搜索是不一样的版本，尤其是当用户在使用低版本的百度搜索时，由于这些低版本不再被持续运营，很有可能体验很差，所以需要尽快将不一样的版本统一到最高版本的产品，版本升级平台因此而生。

除了更新在渠道投放上的产品包以外，还需要唤醒老用户，将百度搜索App升级到高版本的产品上来。通常情况下，所有的移动开发者，都是使用推送通道给用户推送版本升级信息。为了让用户进行版本升级，需要策划有趣有吸引力的文案，吸引用户点击推送的消息，进入版本升级的流程。

当时百度各个移动端产品的推送通道都在前文提到的版本升级平台上，所以假设想给百度浏览器升级，可以通过百度搜索的移动端把推送信息发布过去。这有一个好处，如果用户不再喜欢百度浏览器，可能还爱使用百度搜索，如果不爱使用百度搜索了，至少还有百度输入法在。只要用户有一个百度系的App保留，那百度就仍然有机会触达用户，并且再次影响这个用户，尝试挽回他。

用户占比曲线 - 百度搜索

TOP4 版本 ■   4.0 以上用户占比 ■

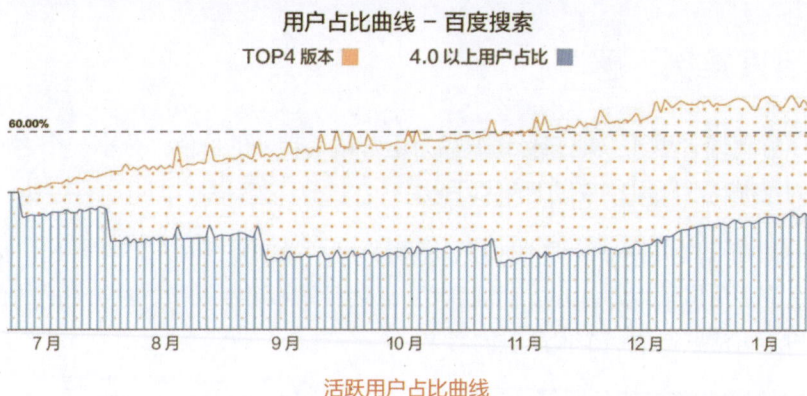

活跃用户占比曲线

从上图可以看到，高版本的百度搜索产品的用户活跃情况更好。将用户升级到高版本的百度搜索产品上，一定可以影响活跃用户数的提升。问题是如何用更有效的手段，覆盖更多的用户路径，快速实现版本的升级。版本升级平台在这样的情境下应运而生。

版本升级平台产品上线，能够更高效地跟踪和管理百度各个产品活跃版本的情况，也能够打通百度多个移动端产品的推送通道，互相帮衬，以便更有效地推动移动端产品的版本升级。

百度搜索就是这众多移动端产品中有所收获的产品。百度搜索通过版本升级平台，实现了版本快速升级，也实现了活跃用户数的增加。

通过下图的数据来看，在版本升级平台的努力下，百度搜索的整体活跃版本中，高版本的用户在持续增加，低版本的用户在持续减少，说明用户开始不断升级到高版本的产品上。

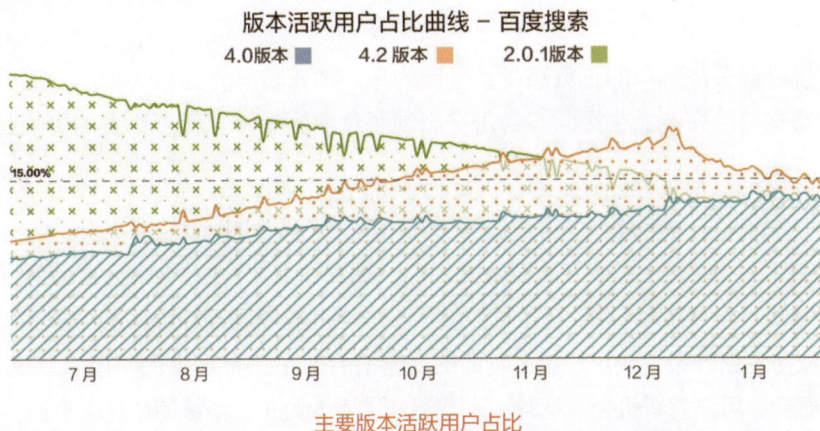

版本活跃用户占比曲线 - 百度搜索

4.0版本 ■   4.2 版本 ■   2.0.1版本 ■

主要版本活跃用户占比

第二件事情——建立用户情感模型，深度挖掘用户反馈，助力产品体验提升

为了使用户活跃，又上线了第二个产品，基于百度所有基础用户的行为数据，建立了一套用户情感模型。这样做是为了深度挖掘用户的反馈，从而提升用户使用产品的体验。

这套数据，来源于全网挖掘的用户评论、微博舆情、媒体评测，还有主流社区的评论数据。百度所擅长的自然语言处理技术，刚好可以把这些人工根本无法处理的庞大文字信息，解析成机器可以理解、输入的标签。

结合自然语言处理、垃圾数据过滤、贝叶斯分类、文本聚类等技术，对用户的情感进行一系列建模，从中了解到用户对百度搜索移动端产品的整体感受是正向的还是负向的，以及用户在某一个功能细节上的感受是正反馈还是负反馈。如此便实现了通过大数据产品对用户的感受进行监控，及时发现产品存在的问题。

比如从下图可以看到，当时高版本的百度手机搜索，用户的情感为负面的反馈占比更低，低版本的百度手机搜索，用户的负面反馈占比稍微多一些。

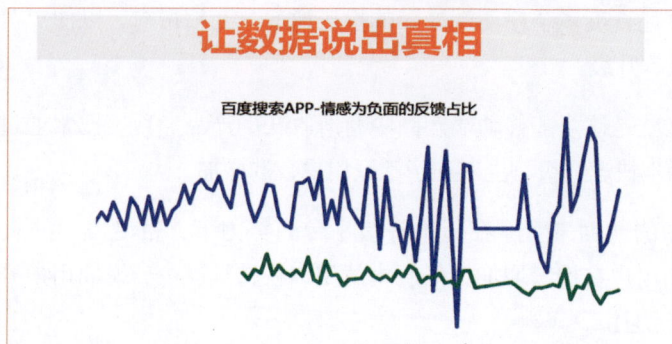

让数据说出真相

之所以要关注用户的正负感受，是因为用户的正负感受会很大程度上影响用户是不是愿意持续在产品中活跃。当用户出现了负面感受时，就有更大的可能会离开我们的产品。

我们曾经定量分析过一群用户的感受和用户在产品上的行为。用户来到一个产品或服务中时，一定有一些细节让他愉悦，有一些细节让他不爽。如果不加干预，他的感受持续以曲线的方式下降，就会选择离开。但当用户的感受以曲线的方式下降时，产品和服务不断升级，给用户更多正面的、愉悦的感受，就可以干预用户以曲线方式下降的感受，用户就有机会被拯救回来，逐渐感受变为正，继续使用这个产品。

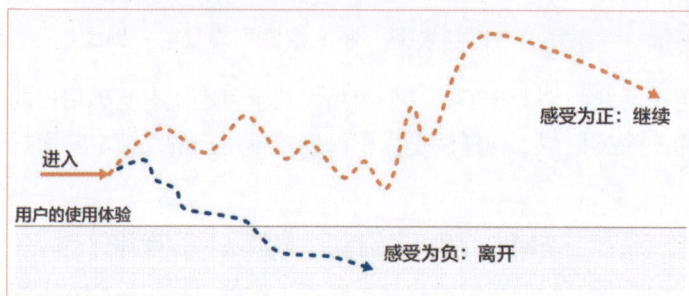

用户的正负感受

所以用系统和产品的方法跟进用户的感受，并不是事后诸葛亮。当看到用户的感受，并且去变化、升级、迭代后，用户可以感受到我们的诚意，并且愿意在我们的产品和服务里留下来，持续期待未来还可能出现的惊喜。

也许很多公司没有这样的研发资源来跟进用户的感受和体验，那么可以尝试使用一些外部的语义分析工具，例如NLPIR-ICTCLAS汉语分词系统。

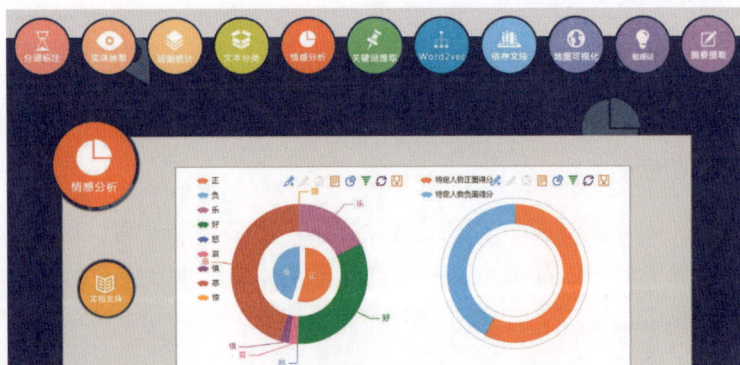

语义分析工具

它可以基于长短文案，分析出整体信息的感情和词频等结果，有助于更快速地得到面对这段文字时用户的感受是正面还是负面的反馈。

第三件事——换量平台

做了前面两件事情之后，为获取更多活跃用户，上线了另一个产品——换量平台。换量平台是一个App的异业合作平台。该平台产品上接入了大量App，这些App可以互相做活动推荐，甚至可以在活动推荐里直接推荐App的安装包。

在这个换量平台上，百度搜索和爱奇艺尝试了一些非常有趣的内容合作，不仅百度搜索本身的活跃指数提升了，也给爱奇艺带来了一些更活跃的用户。以这样的跨界合作方式，在给彼此带去新增用户的同时，也增加了活跃度。

在当时那个时间节点，因为想提升百度搜索App的活跃用户数，所以选择了用户重叠度高的产品进行异业合作，并且把异业合作的活动只推送给那一批重叠用户。在这种推送的逻辑之下，可以做到非常精准的活跃用户唤醒。

百度搜索这三个运营目标导向的运营产品，都源于当时用户活跃度不足时，以用户频次/时长提升为目标、用户场景为思考的基本点，选择了合适的路径和触点，并在触点上设定体验、激励规则和产品策略。

- **这里的场景是**：用户可能会在其他产品的使用过程中，想起百度搜索的好，使用百度搜索。

- **路径和触点是**：用户手机上看到其他产品推送百度手机搜索的内容，于是点击，或者用户在其他App中看到百度搜索的活动，于是点击。其中关键触点是，其他App的推送内容和其他产品上百度搜索的活动内容页面。

- **体验是**：基于对用户的反馈和跟进，不断全面优化产品的体验，为了唤回用户，在推送通道的内容设计和活动页面上，策划有趣的、用户喜欢的内容。

- **激励规则是**：用户下载打开百度搜索App，可以得到爱奇艺的观影时长等多种多样的玩法。

- **产品策略是**：前文提到的三个重要的产品，版本升级平台、用户情感模型平台、换量平台，以及基于这些大产品下具体的版本升级产品、版本推送策略、换量活动推送时用户精准推送策略，等等。

我们会发现，当用产品运营画布来规划本来很复杂的业务时，事情就变得没那么复杂了。

首先，从场景的角度分析用户在这个阶段，会因为什么来使用产品，从而达到预期的增长目标。

其次，路径中有哪些和用户相关性比较高、关键的环节。路径的核心是要说清楚用户怎么做，以及用户做之前与做之后应该有什么样的变化。

最后，在用户怎么做的过程中，会有一些关键的触点，我们要在触点上设计好体验、激励规则以及产品策略。

不要忘记，产品策略可以在很大程度上帮助我们节省人力成本，覆盖更广泛的用户群体，帮助我们更高效率、更大范围、更稳定地达成业务目标。并且产品策略也是我们对于用户场景、路径和触点思考之上，关于体验、激励规则如何落地的一个产品设定方式。

6.3 取舍产品手段和人工手段

前面已经理解了怎样在业务目标下设计和规划产品手段，但有时会陷入另一个困境，就是这个方案到底要以产品手段还是用人工手段来实现。在谈如何选择产品手段和人工手段之前，首先要谈产品手段和人工手段分别有什么优势和劣势。

6.3.1 产品手段的优势和劣势

当使用产品手段的时候，有4个比较明显的优势：

（1）**有规律**。使用产品手段，可以让业务更有规律地运作。

（2）**覆盖大量的用户群体**。我们知道，人工手段进行的运营活动，虽然更容易得到用户的直接反馈，以有温度的沟通获得用户更好的体验，但很难覆盖全量用户群体。这里需要明白，全量的用户群体不仅在新媒体平台和社群里，还分散在小程序、App、网站里。

（3）**全自动全时段覆盖**。比如，用户出国时，即便是北京时间凌晨3点也可以收到来自移动、联通和携程的问候，这种全自动全时段的覆盖，只能依靠产品手段来完成。基于用户的具体行为特征的服务和提醒，是没有办法通过运营坐在电脑屏幕面前24小时盯着来为用户做这些事情的。

（4）**用户可以得到更及时的反馈**。我们做活动之所以想做和用户交互的功能，核心是希望用户在参与活动时，每一个行为都会使得页面呈现出一些变化，而这变化就是及时反馈。千万不要小看及时反馈这件事情，就拿游戏这件事情来说，之所以这么多人喜欢玩，就是因为游戏的及时反馈和及时激励足够充分，刺激用户一直玩下去。

产品手段会让用户参与、激励和反馈变得及时可见，这是通过人工手段无法实现的。

相应的，产品手段也存在一些劣势，主要有3个：

（1）**迭代和调整需要周期**。产品功能在上线后，的确可以带来业务更有规律的运作，但每次产品功能的调整都需要开发，迭代方案和调整方案也需要时间。

（2）**缺少一些人性化的感受**。产品手段基于产品策略来影响用户，和用户沟通。虽然会考虑用户个性化要素，为用户做个性化的推荐，但是逻辑和情感的选择，仍然会让这种个性化缺乏温度。

（3）**可能让小部分用户体验极为不好**。用户虽然会因为产品策略的覆盖得到更及时的反馈，但产品一定是有规则、有标准、可复制、可规模化的。而且在这一套解决方案中，虽然不同的规则计算出不同的结果，让不同用户得到的产品服务有所差别，但解决方案的底层逻辑是一致的，这就可能使一部分的用户体验极为不好。

例如用户得到了精准推荐的内容，但有一小部分用户就是不喜欢这种精准推荐内容，认为这样的精准推荐限制了自己探索信息的自由。在设计产品手段和规则时，规则无法适用所有用户，只能适用绝大部分用户，即便是传统的人工操作的客服工作，只要有标准，就无法使所有人满意。

6.3.2 人工手段的优势和劣势

谈完产品手段的优劣势，再来谈谈人工手段。人工手段的优势有3个：

（1）**更个性化、更体贴、更灵活**。假设一个电商平台的社群运营，在社群里一对一沟通，很容易发现有的社群用户特别喜欢便宜的时候囤货，有的社群用户特别喜欢转发，而有的社群用户特别喜欢点评商品。那么当社群运营人员发现这些情况时，就可以启动运营不同的群，一个群叫"撸羊毛群"，有特价大家就来买；另一个群叫"VIP客户群"，这个社群里的用户就特别爱转发和传播，通过转发和传播来置换更多的优惠券；还有一个群叫"意见领袖群"，这个群的用户通过提供优质和长篇大论的评价来获取价格更优惠的商品。

这样运营一段时间之后，也许会发现本来在"意见领袖群"里，喜欢发优质长篇评价的用户，由于工作和生活的变化没时间写评价了，但是他愿意转发传播优质评论，那在发现的瞬间，就可以把这个用户转到"VIP客户群"里去。

当发现"撸羊毛群"有一批用户特别喜欢"撸"生鲜产品的"羊毛"，就可以再专门建一个"生鲜羊毛群"，让这些喜欢生鲜产品的用户在新的社群里继续活跃。

这种人工运作方式，是非常容易基于用户行为调整和迭代的。与此同时经营者也时刻保持着和用户的直接沟通，用户有什么意见和反馈更容易得到快速的答复，用户会有更体贴的体验。

（2）**可以有更多人的属性在里面**。人工手段天然就有人的属性。很多新媒体公众号文章，都会让读者对小编这个角色有很强的代入感。美妆类的公众号小编有时候会说"你们再不回复我，我就没钱给你们评测美妆了。"线上教育平台的公众号小编有时候会说"今天写了20个标题，还是没有想出一个好标题。"人的属性被很自然地放在里面，这样容易让用户和具体的运营角色产生共鸣，获得更强的信任感和更亲切的品牌形象。

（3）**可以随时调整方式方法适应新的情况**。人工手段可以随时调整方式方法去适应新的情况。

当然，人工手段的背后也会存在劣势：

（1）**不同的运营展现出来的水准差距较大，可能会使得企业品牌受损**。比如运营100个社群，这100个社群由10个运营人员去运营，会产生不同的结果。

（2）**不能覆盖大量的用户群体**。人工手段没有办法覆盖大多数的用户群体。尤其是用户的很多行为不在人肉眼可见的地方。比如用户在网站或App中的操作以及操作过程中的犹豫，我们没办法以肉眼看到，这时就需要在产品中埋下数据统计的代码，通过数据分析的手段看清用户。

（3）**缺乏及时反馈**。人工手段缺乏及时的反馈。比如在社群里发起一个活动，这个活动如果是人工设计的活动，很难及时给用户参与情况的反馈。用户可能参加活动后很久才能在社群里得到结果反馈，但如果是用产品功能来承载的活动，比如H5点赞、小程序砍价活动，就可以及时看到反馈。

下面这张图就展现了人工运营时，不同运营展现出来的不同风格引发的不同结果。

【××网官方声明】

今日，因××网前折扣群运营同事"折扣仙儿"的不妥当运营给大家带来了困扰，××网管理层高度重视，经过严肃讨论，现公布处理方案：
1. 立即停止"折扣仙儿"的群运营管理员职能，并立即开除。
2. 公司内部立刻开展运营工作的总结和反思，坚决杜绝此类事情再次发生。
3. ××各官方群仍会由新的管理员继续为大家提供优质和优惠的旅行产品信息，也会尽力帮大家解决旅行中的疑问和困难。
4. ××网在未来的人员选拔和培养上会更加细致和慎重，让每一位员工树立为××网粉丝服务的心态
此次事件是××网运营上的重大失误，谢谢大家对我们的关心和批评，××网也衷心希望得到大家的谅解。
请热爱××网的新老粉丝们继续关注我们，监督我们，让××网的未来越来越好。
2019 年 4 月 9 日

以前的折扣君社群运营做得真的很好，和用户一直良好互动，所以发出的活动我们都很乐于参加。希望××网能找到靠谱的人来做社群运营。拉黑事小，口碑坏了就没救了。

同意，怀念以前折扣君，机票发得也多，我们还喜欢一起互动。

敢这么公开怼用户的运营还是第一次见到，也算是开眼了。××网处理得不错，也比较及时。

人工运营展现的不同结果

某网站的一个社群运营同学叫折扣君。看得出来，这个被吐槽的社群运营应该是公开跟用户产生摩擦，让用户很不愉快，该网站只好出来发了一个公告，表示要开除这个运营。一个运营的个人工作风格，差点酿成品牌危机。

不同性格、不同能力的运营，在人工运营时，呈现给用户的结果差别很大，如果没有办法确保品牌输出给用户的感受是稳定的，就会存在风险。

6.3.3 选择产品手段还是人工手段的考虑要素

到底应该选择产品手段还是人工手段做运营，有一个很重要的考虑指标——ROI（投入产出比）。

$$ROI=产出/投入$$

这里的产出指的是上线后的效果。如果效果是转化率、客单价提升，就把效果的计算对应到收入上；如果是用户的满意度提升，那么效果就对应到用户黏性和推荐频次这两个数据指标上，然后通过用户推荐频次带来的流量变化，用户黏性带来的转化率的指标变化，最终计算为收入的变化。

在投入的部分，投入等于人力成本或费用成本。

还有可能产生另一种更隐性的成本，即产品手段上线之后，由于是新的产品可能会有意想不到的负面反馈，但由于没有办法快速调整，所带来的用户投诉或者用户不满的隐性成本。虽然难估算成具体价值，但还是需要考虑这是不是一个可控的成本，会不会让我们陷入万劫不复。所以当在选择是不是要用产品手段上线方案时，除了人力成本、费用投入，还需要特别考虑这个产品上线之后的风险是否可控。

如果产品上线之后的风险是相对可控的，那可以用投入产出比这一套公式来计算。如果产品上线之后的风险存在很多未知数，那就先用人工手段尝试一下，把风险程度明确出来后，再用产品手段上线。

案例解析1：途风分销产品是否以产品手段上线？

回顾2015年，我在携程旗下的海外旅游公司途风工作时，曾经放弃过一个产品方案——分销产品。分销产品的逻辑，就是现在非常流行的裂变产品，分享获得收益。2015年途风也在做个人联盟业务，当一个用户和途风建立个人联盟合作后，这个用户向其他人推荐途风的产品，并且被推荐人完成购买后，这个用户就可以得到返点。

那时我就在想，可不可以设计出这样一套分销机制，通过分销机制中的一级分销收益和二级分销收益的激励，用产品手段和两层激励，快速扩展个人联盟合作方，同时提升用户的分销动力，以这样的方式构建一个人数众多的联盟，给途风贡献更多的收入。

愿景看起来很美好，但当时并没有把它产品化，为什么？

第一，担心会引发新的风险，因为一级分销个人联盟用户在把途风推荐给朋友的时候，他的朋友并不知道有返点。我们很担心上线这个分销产品后，当被推荐人发现原来还可以赚钱，会影响个人联盟用户和他的用户之间的关系，也会让很多一级分销不太好意思引入更多新的分销，毕竟途风的旅游产品的客单价高。另一方面，有很多给途风带来了大量订单的一级分销用户，在和我们的沟通中曾表示，并不希望途风以产品化的方式上线这个激励规则，因为担心之前买过产品的用户看到。

第二，产出难以估算。与2017年之后微商业务大爆发不同，在2017年微商业务成型后，整个市场才终于清楚一级、二级分销这样的激励政策和工具大致能带来的收益。在2015年那个时间节点，很难预测上线这个产品能带来多少收入。

时至今日，看到裂变大火，我也会产生这样的疑问，不上线这款产品到底是对还是错？到现在为止，我仍然没有答案。很多公司虽然是某类产品的第一研发者，但是最终这个产品并不在这些公司发光发热，甚至这些公司时隔多年后，正是被他们最先研发出来的产品打入冷宫。比如第一部数码相机是柯达在1975年发明的，世界上第一款智能手机是摩托罗拉在2000年生产的名为天拓A6188的手机，它是全球第一部具有触摸屏的PDA手机，同时也是第一部中文手写识别输入的手机。这些公司是这些新产品的最先研发者，但它们并没有享受到其中的红利。所以即便途风是第一批做出分销产品的公司，仍然不能确保途风是这个分销系统的受益者。

关于产品手段和人工手段的选择，还想分享在途风时的另一个案例。

案例解析2：途风精准推荐算法是否以产品手段上线？

我们曾经设计过一个个性化的推荐算法。该个性化推荐算法的目标是为用户精准推荐旅行产品。关于个性化算法的细节，不在这里赘述，总之通过不断试验证明的确是很精准的一个推荐算法，而且领先整个旅游行业。

当时，算法已经准备好了，甚至写了一篇论文投到算法会议上发表，但这个算法却迟迟没有在途风产品中上线。这是为什么呢？

有两个很重要的原因：

（1）用户在选择行程时，还有其他重要因素对用户形成影响，比如用户请假的结果，请假时间段机票的价格以及用户请假时间段工作是否忙碌，这些因素在很大程度上影响用户旅游行程的选择，但这些因素我们无法纳入算法。

（2）旅游产品作为一个高客单价产品，大部分用户在下单前都会和客服沟通。用户既然会和客服沟通，那客服在理解用户的需求后，给出的推荐才是最体贴用户的推荐。这个体贴的推荐背后，不仅仅考虑到了客人更想要什么样的行程，同时还会考虑哪种类型的车辆、什么性格的导游与这个用户的服务可能更契合，等等。

从理论上来说，车、用户和导游的性格都可以数据化和标签化，可这样数据化和标签化的难度和成本实在太高，基于当时已有的数据和算法，无法将这些因素纳入算法里。

所以这个算法最终没有上线，核心原因是因为这个算法所投入的开发成本太高，而且所带来的推荐精准度还不如客服直接推荐的高。

而且，途风平台上行程客单价高，80%以上的用户都会先主动联系客服再下单，没有通过客服下单的用户占比极小。也就是不论算法能够精准到什么程度，上线后也只会覆盖20%的用户人群，投入产出比不太划算。

那什么情况下上线这个算法比较合理呢？

我认为这里最大的不划算在于，80%的用户先联系客服再完成下单。假设随着途风用户体量增加，用户越来越年轻，旅行的决策越来越轻快，联络客服等待时间已经觉得偏长，自主下单的客人比例持续提升，且比例提升到40%以上，背后对应的用户量和可能的成交量也不是一个小数目时，就到了依靠系统做自动化精准推荐的时候了。

从ROI的角度来说，更准确的计算是，当自助下单的用户比例达到x%时，且这x%的用户带来的收入大于等于为此投入的研发成本时，就到了可以上线的时机。

6.4 设计一款产品的流程

在产品的整个生命周期中，各种各样的需求总是扑面而来。

比如老板常常会说隔壁家的某个功能看起来很好用，希望做个一模一样的。

运营会说，我们这个活动需要一个抽奖的功能来和用户互动，功能很简单，照着隔壁家那个抽奖功能做就行。

用户可能会提出建议，加一个站内信的功能吧，这样就可以和其他用户沟通。

可是一个产品创意的诞生，真的是上面几种角色的思考方式吗？

从想法到产品一般的过程是什么？我们不妨一起来看看下面这张图，可能会更加直观。

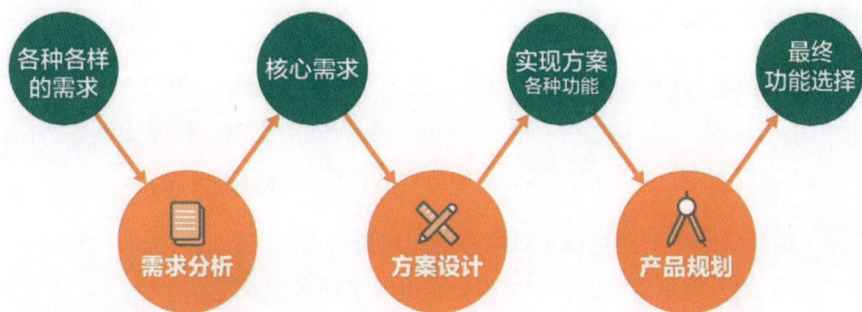

从想法到产品的过程

首先，会有来自各方的需求，这个时候，要做需求分析和判断，找到核心需求。基于核心需求，通过对场景等要素的思考做出方案设计，然后把需求转化成产品功能。最后，确定最终功能选择的优先级是什么，功能与功能之间的逻辑关系是什么。

假设需求是想要通过提升用户频次/时长、转发来提升用户的整体活跃度。

老板说：京东那个Plus会员挺不错的，你们做一个吧。

用户说：旅游行程的评价太水，现在的评价也看不出来行程到底好不好，能不能让我直接问之前去过的用户。

运营说：我们做一个和用户互动的活动，用户传旅游的照片到平台上，点赞次数最多的有旅游优惠券。想要获得更多的点赞，用户就得转发。

老板、用户、运营都以为自己提的是需求，其实他们提的是一个具体的功能建议。但功能建议背后所体现出来的需求到底是什么？老板其实是希望通过Plus会员来提升用户的服务权益和用户黏性，以此提升消费频次和活跃度，获取更多的收入，而不只是在单个产品销售上获取更多的收入。用户希望体验行程产品的信息更透明，如果同时能认识一些去过的用户也不错。运营的需求是提升用户有价值的行为，并且用户会因为贡献了有价值的行为而获得奖励。

梳理他们的需求之后，会发现要满足这样的需求，不一定非得通过他们描述出来的那个功能去实现，还可以有别的实现方法。比如：

（1）**优化现有会员体系**。可以优化现有的会员体系，而不是一上来就做Plus会员产品。比如在现有的会员体系里，提升用户的权益，纳入用户贡献评价等有效信息的用户行为。

（2）**打通用户体验行程之后的信息**。将有行程购买记录的用户游记，在行程购买链接下进行推荐，用户的好评比例、评价比例、回购比例、转发比例等数据均体现在行程购买页面上，让用户能够对一个行程的评价了解得更全面。

（3）**提醒和激励**。对可以贡献内容的用户进行提醒，并同时提醒激励政策。比如分享了优质的内容之后可以有多少积分，可以拿到多少返现。

在列出这些可能选择的功能之后，要优先选择哪个功能实现呢？

我们希望用户能够更活跃，提供更多有价值的内容，仅仅通过提醒和激励是不现实的，因为过去，提醒和激励一直都有，但是并没有什么明显的效果。

希望用户能够更活跃，绝不是单点做某一件事情就可以实现的，一定是一个系统工程。我们要去综合考虑真正影响用户活跃和不活跃的因素到底是什么，用户在做一个用户行为时，是否存在足够的动机。

基于用户的反馈和对这件事情的理解，梳理出原来存在的问题：

（1）给用户的权益不够吸引用户贡献更多内容。

（2）原来给用户的优质内容和权益不足以吸引用户在平台上活跃。

（3）一个平台上优质的内容足够多，对应的活跃用户才有可能够多。

（4）即便用户给了优质内容，这个优质内容和行程购买之间的路径如果太长，用户也不会去看这个行程的购买链接。

所以如果我们来做产品经理，可能会选择这样的优先级来实现和满足需求：

（1）把现有的会员体系优化。

（2）打通用户体验后的信息。

把信息打通之后，就可以持续跟踪和观察分析。如果用户做了评价，浏览的用户是否会停留更长的时间，评价信息和产品购买链接之间能够跳转，是否有更多用户会点击这个跳转链接。优质内容的贡献有更多的奖励，是否就可以促进用户贡献更多优质内容。

如果对以上几点验证有效，就可以开始实现"给用户更多的提醒和激励"这个需求。

在产品功能的优先级判断上，所有取舍不一定都是正确的，所以这个时候，可以考虑选择一种方式来验证我们的判断和取舍——那就是如雷贯耳的MVP。

6.5　找到你的最小化可行产品

在确定了应该怎样做功能选择之后，就要考虑是否需要做一个MVP（Minimum Viable Product，最小化可行产品）来验证对种种需求的分析和产品优先级的规划设计。

MVP是Eric Ries在《精益创业》里提出的概念。简单来说就是，开发团队通过提供最小化可行产品获取用户反馈，并在这个最小化可行产品上持续快速迭代，直到产品到达一个相对稳定的阶段。

换句话说，就是在产品的大样还没出来时，先把这个产品最核心的功能、最有效的价值提供出来，让用户感受一下，看用户是否接受和认可这个价值。如果用户认可，再去大规模、精细化地开发。

当然，这个MVP不一定要通过产品的方式开发出来，如果通过内容测试就可以验证，那就尽量少动用开发资源。比如，产品上线前先在公众号里测一下用户是不是接受，如果用户接受，并且发现了用户更喜欢某个主题内容，就可以更有针对性地上线对应的产品。

MVP并不是一定要投入开发资源去实现一个最小化的产品并上线，而是先把产品和服务的核心价值拿出来测试。

6.5.1　如果我来做微信红包的MVP

如果我是微信红包的产品经理，会怎样设计微信红包的MVP，这个MVP应当具备什么样的功能？

可以先想一想，微信红包解决的是什么问题。在微信红包上线之初，它解决的可能是用红包场景带动支付功能使用的问题。所以，如果要测微信红包的MVP，首先要明确最小化开发成本使用红包的场景是什么，然后跟踪数据验证这个场景是不是能带动支付功能的使用。

为了能够达到验证MVP的效果，还需要积累一定量的用户行为，这样才能判断红包功能对于微信支付的用户增量有什么样的价值。

要梳理出微信红包的MVP，就需要梳理清楚——用户完成发红包这个动作，它依赖什么前置条件？这个前置条件是在测试MVP前，需要开发完成的功能。

用户完成发红包的这个动作的前置条件是有发红包的人和收红包的人，而且还得有发红包的场景。

这里基于前置条件，产生了一些问题：

（1）收红包的人从哪里来？

（2）发红包的人从哪里来？

（3）发红包的场景有什么？

根据这几个基础的问题，可能会延伸出新的相关问题：

（1）收红包需不需要开通银行卡，绑定身份证？

（2）发红包需不需要开通银行卡，绑定身份证？

（3）红包领取是一对一，还是一对多，还是多对一？

想要验证红包到底能不能带动支付功能，微信红包的MVP应该优先实现哪些功能呢？

第一，可以一人对多人发红包，因为这样才能快速累积起来一批收到红包的用户。

第二，需要银行卡绑定功能，这样用户才可以往红包里充钱。但是用户往红包里充钱的功能是用户的可选功能，而不是必选功能。如果用户没有绑定银行卡，也可以收发红包，只是要以绑定银行卡为红包带动微信支付账号的注册。

所以针对微信红包，只做一个MVP的话，最初实现以上两个逻辑就行。

这里再分享一个很成功的MVP案例。有一家背英语单词的独角兽公司，当时想上线一个单词书，可是在上这个单词书的时候很犹豫。因为市面上已经有很多单词书，凭什么用户要买一个背单词软件公司出的单词书？无论如何打磨卖点，似乎都很难说服用户购买，毕竟在这个早已被充分满足的市场中，在电商网站里搜索，各种各样的单词书比比皆是。

于是，他们没有立刻启动这一批单词书的印刷，而是直接上线了这款单词书的设计稿，结果一上线就有大量用户预约购买。看到有这么多用户愿意下订单之后，他们才把这个单词书交付到印刷生产环节。

6.5.2　MVP选择的要点

当设计MVP的时候，有几点要注意：

（1）**关注核心流程**。只关心用户是不是愿意为这个价值买单。

（2）**MVP可以是任何产品形态**。一张H5、一篇微信公众号文章、一个社群或者一张设计图等，其实都可以是一个MVP的具体形态。

（3）**MVP每次迭代都有目标**。以微信红包为例，第一版红包上线后，怎么让更多的用户接受红包的概念，怎么更高频使用，怎么让红包更有趣，怎么提高用户绑定银行卡的意愿，每一次迭代都有很具体的目标。

（4）**多用已有的功能来实现MVP**。只验证核心目标，也就是验证服务的价值，而不是验证功能模块。验证过程中，能用已有的功能模块就用已有的功能模块，能不开发就不开发。

（5）**MVP上线后的用户反馈**。要提前做好数据埋点，预留用户反馈通道，同时做好用户调研。

需要特别提醒的是：不仅仅产品开发需要设计MVP，一个大型的线下活动也需要。如果对大型线下活动的执行过程有不确定的地方，也可以基于这个大型活动去设计一个MVP，先找用户测试一下，看是否能以这样的方式去完成这个大型的线下活动。所有交付给用户的产品，不仅仅是产品，而是一个完整的服务。

当MVP验证完成后，就可以启动需求文档的撰写和更具体的产品设计，这是产品经理岗位的必备技能，就不在本书中详细描述了，如果感兴趣，可以关注微信公众号"新物种研究工作室"，回复关键词"产品设计"，获取这部分的攻略。

第7章

/

产品思维

在聊产品思维之前，应先搞清楚，用户和客户的区别是什么。

如果用一句话描述，那就是：用户在直接使用我们的服务，而客户是买单的人。

搞清楚用户和客户到底是谁，有助于想清楚产品运营画布中的场景到底是什么，以及在渠道的选择上，应该覆盖什么样的用户。

7.1 别跳进分不清用户和客户的坑

我们先来看一个关于用户和客户的小故事。

周鸿祎曾经提到，当年360儿童手表刚推向市场时，只有定位功能。因为当时小孩被抱走的新闻层出不穷，很多家长对孩子的安全问题充满了忧虑。于是360儿童手表为了满足家长对电池的长续航需求，必须极大程度缩减手表的其他功能，仅留下了定位功能。

当他们把这个手表投放到市场后，一开始产品卖得不错，但是手表初次使用之后的活跃度特别差，没什么家长在用。问题出在哪里？一款只有定位功能的手表，实在难以讨得互联网原住民的欢心，小朋友们根本不想戴，认为"这是我妈妈想要用的，可我一点也不喜欢。"于是，手表难以维持活跃使用。

360儿童手表的产品经理其实一开始就进入了一个关于客户和用户的误区，他们认为这款手表的用户是家长，家长最为在意的是能长时间续航的定位功能，可是却忽略了真正使用这个产品的是小朋友。

当产品经理开始意识到原来手表真正的用户是小朋友后，重新基于小朋友的喜好，在手表上迭代了打电话、小游戏这样的功能。当小朋友可以用手表电话跟父母沟通，添加周围的小朋友为好友时，这款手表才真正建立了和用户的关系。

这是分不清用户和客户的一个案例。

与之相反，前面章节曾提到过一个产品，任天堂的Switch游戏机。任天堂在2018年发布了一款看起来很像编程套装的产品Nintendo Labo，这个游戏机的纸箱套装可以和任天堂的Switch游戏机配套使用。在渠道流量的内容策划环节，必须考虑我们的内容所面向的用户到底是谁，这和前面在本章产品思维中提到的要重点关注的用户和客户这两种角色的观点一脉相承。

任天堂游戏纸箱案例图

玩家可以将任天堂的Switch游戏机，插入到一个个形状各异的卡牌纸盒中实现不同的体验，比如钢琴、鱼竿、摩托车、小房屋、遥控装置等玩法。任天堂这样做的成本并不高，但看起来酷炫十足的产品同时兼顾了用户和客户。

为什么这样说呢？孩子是这款产品的用户，看到游戏机肯定是买买买。而家长是买单的客户，在给孩子买游戏机的时候是有顾虑的，担心孩子沉迷其中。任天堂通过纸板的方式把游戏机包装成了一个寓教于乐的产品，很好地说服了家长，这是一个富有创意的产品，可以锻炼孩子的动手能力、想象力，不仅仅是游戏机，更是一个教具。

关于Switch，还有一个非常有趣的设计，由于家长给孩子买游戏机时，十分担心游戏机当中小小的游戏卡会被孩子误食，造成危险，于是任天堂在游戏机的卡带中添加了号称是世界上最苦的原料，无毒无害的苦味添加剂苯甲地那铵，孩子如果不小心把游戏卡往嘴里送，舔一口就会被苦味刺激。有趣的是，很多家长收到这款游戏机的第一时间，统一姿势都是拿出游戏卡带舔一下，据说上市三天时间，就被舔了千万次，那滋味大概是能让人浑身颤抖再干呕的那种，于是又有很多家长纷纷表示，的确很苦，这个小话题再次形成了这款游戏机在用户群体当中的传播。

可见，站在用户角度重新打磨产品细节时，不仅更能说服用户，也更能说服为之买单的客户，还有可能会带来预期之外的传播与影响。

> **"**
>
> 一个成功的产品，必须要让用户满意，也要让客户买单。

当有了需要区分用户和客户的意识之后，产品思维的基础也就有了，同时对产品运营画布的运用，也有了一个好的起点。

7.2　用户表达的信息，不一定代表他们的真实需求

用户表达的信息，一定是他们真实的需求吗？不一定。不然世界上怎么会有"口是心非"这个词。用户想要的不一定是用户会付费购买的，用户说想要的也未必是用户内心真正想要的。

有些产品，我们认为是自己想要的，用了之后才发现并不是。我曾经预订过一段时间的健康减肥餐，我认为自己的需求是减肥控制体重，可当真正吃了一段时间之后发现，我有一个优先级更高的需求，那就是餐食的口味。所以，需求并非是独立存在的，有对比才能发现自己以为的需求其实并非自己真正最想要的需求。

就拿任天堂这两款不同颜色的游戏机来说，任天堂游戏机上市时，曾经邀请用户做调研，在调研中，当问到用户到底是喜欢黄色还是黑色的外壳时，大部分用户都选择了黄色，可在离开用户调研现场时，任天堂为每一个参与调研的用户准备了可以带回家的游戏机作为礼物，大部分用户却选择了黑色的游戏机。

任天堂游戏机色彩测试

每日优鲜创始人徐正也分享过一个真实的故事：当时很多用户反馈希望买到帝王蟹。于是，每日优鲜的产品经理就提议，干脆采购一些帝王蟹，将帝王蟹纳入每日优鲜的售卖范围。但是徐正否决了这个想法，原因是，有多少家庭主妇能在家搞

定帝王蟹这种庞然大物？用户想要吃帝王蟹，并不代表想要买一只活的帝王蟹。

所以用户想要的东西，不一定是用户会要的东西。我们需要从产品思维的角度去思考，用户想要的到底是什么？

> "
>
> **用户买的永远不是产品，而是产品带来的服务价值。**

7.3 洞察用户需求，找到正确的产品之道

7.3.1 产品需要依循的两大原则

抖音、拼多多、瑞幸咖啡，应该是近来增长非常快的产品。在这些火爆产品的背后，其实是有产品规律可循的。可以发现，在产品方面他们遵循了两大原则：

第一个原则：好产品，要么Save time（节省用户时间），要么Kill time（消耗用户时间）。

淘宝刚诞生时，它的目的是节省用户时间，让用户更快速地买到产品。不使用淘宝时，用户为了买一个东西可能需要花一下午时间逛街寻找、反复砍价比价、选择，但使用淘宝很快就能足不出户完成找到商品、比价、下单这一过程。

但随着淘宝的发展，开始有更多形形色色的产品在平台上出现，它开始不断地为用户推荐更吸引他们的产品，对某些用户而言，淘宝反而变成了消耗用户时间的产品。很多女生每天打开淘宝，刷一刷淘宝推荐的猜你喜欢的商品，欢呼雀跃不断向下翻页，于是大把时间在指尖流逝。

好的产品，至少符合节省用户时间和消耗用户时间其中一条属性，当然，更好的产品同时符合两条属性。

所以在设计产品时，更多地要去想我们的产品可以如何帮助用户节省时间，可以如何让用户"沉迷"，让用户喜欢从而花费更多时间。

第二个原则：直接把价值和结果传递给用户，而不是把过程、工具、材料传递给用户。比如前面提到的帝王蟹的故事，用户想要的是吃到帝王蟹，但并不代表用户想要将帝王蟹大卸八块的过程。

在产品经理的圈子里，流行着这样一句话：用户想要的是墙上的一个洞，并不是钻墙的机器。从产品思维的角度出发，我们提供给用户的产品，应当是结果，而不是过程中的工具和材料。

以上两个原则，可以帮助我们判断所设计出来的产品是否符合好产品的标准。

这里特别想要提醒读者的是，我们所说的产品不仅指的是一款互联网产品，或者在架售卖的商品，在服务用户的过程中，但凡可以标准化、规模化、复制化的服务都是我们的产品。服务是产品的一部分，在腾讯，大家不谈给用户的产品是什么，而是谈给用户的服务是什么。

懂得如何区分用户和客户，更深度地追问用户到底想要什么，将节省用户时间和消耗用户时间的细节放在和用户接触的触点上，相信用户都能感知到我们的诚意。

7.3.2　如何洞察用户的需求

(一) 第一人称视角感受需要

坊间流传着一个故事。之所以有摩拜单车，是因为创始人胡玮炜当时在上海、北京出差时，觉得特别不方便，下了地铁面临着1公里以内这种不远不近的距离，非常尴尬，当时的她特别希望有一辆自行车可以替代掉这种游走于步行和打车之间的需求。

于是，在创办摩拜单车之前的很长时间里，她都在思考如何解决最后一公里的交通的问题。这个产品应该长什么样子？车辆是否可追踪、是否遍布地铁口？用户以什么方式开锁骑自行车、怎样结算？围绕着要解决的问题和要交付的产品价值，她以第一人称的视角，从自己的需求作为出发点，打磨出这样一款产品。

之前，我也曾咨询服务过一家做快递短信业务的创业公司，这家公司的产品是帮助快递小哥发短信提醒收件人。在很长的时间里，创始人都苦于如何让更多快递小哥愿意付费使用这款产品。

于是，创始人带着产品团队进入了快递小哥的生活。之后他们发现，原来让快递小哥最痛苦的事情，并不是发短信用户不来取，也不是等待用户的时间太长，而是在这等待的过程中，不方便短暂离开去吃饭、上厕所，因为担心包裹会遗失。于是，可以放心地上厕所、吃饭这种最刚性的需求反而是快递小哥未被解决的痛点。

创始人和产品团队在与快递员共同生活和工作的过程中，察觉到了这个重要的信息，上线了一款产品，帮助快递小哥们就近结成看包裹联盟，让大家都有一些自己的时间。

所以要洞察用户的需求，首先要用第一人称视角去感受用户到底需要的是什么。

在这个过程中我们的感受也不一定准确，建议大家使用下面的需求自检清单，帮助自己去做判断。

📋 自检清单	
自检内容:	我的答案:
我是在满足用户真正特别想要的需求吗?	是 / 否
在我提供服务之前,用户有其他的选择吗?	是 / 否
对别的选择是否有不满的地方?	是 / 否
如果有不满,用户愿意做出调整吗?	是 / 否
当用户愿意做出调整时,我提供的服务是不是第一选择?	是 / 否
当用户选择我时,是否存在一些风险?	是 / 否
当用户选择我时,我是否做到了扬长避短?	是 / 否

自检清单

但除了不断自检我们对用户需求的理解，真正做一款产品时，我们还要通过定性和定量分析，更深入地了解用户真正想要的东西到底是什么，什么是影响用户愿意选择产品和服务的主要原因。

(二) 调研与分析

一个主观的自己，只能代表一小群人，所以当站在第一人称视角去洞察用户的需求时，为了确保对用户需求理解的准确性，就要通过调研和分析来验证我们对于需求的理解和判断。

足够专业的调研分析，能够帮助我们得到想要的信息。

那如何进行专业的调研分析呢？有两种方式：定性调研分析和定量调研分析。

（1）定性调研分析

当去分析用户需求的时候，定性调研分析的结果应当输出用户画像。

用户是一群什么样的人，他们有什么喜好，他们会在什么样的情况下使用我们的产品和服务？

在定性调研的过程中，需要遵循3个原则：

- 问题要开放，追问要够深。不要让用户的答案是"是"或者"否"，这样封闭式的问题，无法得到我们已知以外的答案。

- 鼓励用户多讲述。

- 避免诱导性问题。比如"如果我们提供这样一个服务，是不是一个特别好的服务？"，类似这种，就是诱导性的提问。

（2）定量调研分析

定量调研分析的目的，是输出用户需求优先级的分布。

我们在洞察用户需求时，也许能够洞察出很多种用户的需求，比如在打车这件事情上，需求有快速打到车，车要干净、安全，支付要方便，能开发票。这么多需求，优先级是什么？这就是我们在定量调研分析当中需要得到的结论。

在定量调研的过程中，也需要遵循4个原则：

- 避免专业词汇，每次只提一个问题。
- 避免笼统抽象的描述，尽可能使用大家理解清晰的客观描述。
- 避免敏感问题。
- 避免主动引导。

避免笼统抽象描述，因为这会导致很多调研得不到准确答案。有时我们会去问用户一些笼统的问题，比如："您对我们所提供的服务感受如何？"。如果要问用户对我们的服务是不是满意，以更客观的调研方式来说，可以给用户5个选项：

① 我们的服务是否满意到让您愿意介绍给朋友？

② 我们的服务是否让您满意到愿意在应用市场给我们五星好评？

③ 我们的服务是否让您满意到愿意再次使用。

④ 对于我们的服务，您综合下来会打几分？

⑤ 我们的服务在速度、态度、品质几个方面，您分别会打几分？

把问题尽可能客观描述，这样能够更明确用户对于该问题的真实态度，和其中的细节反馈。

（3）MVP验证

做完用户需求洞察以及定性、定量分析之后，如何验证我们洞察的用户需求是不是伪需求呢？这时可以通过MVP来进行验证。

当然，在通过MVP进行验证之前，还需要将洞察和分析之后的需求，梳理规划成具体的产品功能，然后从其中筛选出来用以测试的MVP，进行再次验证。这部分内容在前文中已经提到过了，在这里不再赘述。

假设我们是共享单车的团队，以第一人称视角洞察到用户的需求，并且完成了一系列的定性定量调研分析和产品规划设计，这时要验证共享单车项目是否可行，该怎样找最小的MVP呢？

在MVP测试阶段，一开始肯定不可能全面投放，也不能自己生产自行车，最便捷的办法是先找五六辆自行车免押金租给用户，以人工方式收2块钱的单次使用费，看是否有人愿意使用。

我们做产品时，一旦开始开发，不管是什么样的产品，都涉及了一系列的成本，所以要先找到最小的MVP，验证可行，再开始花费成本。

当完成用户需求洞察，也做完了调研和MVP后，就会对自己的产品多了自信，基本证明想法是靠谱的，就可以从想法走向产品生产环节。

7.4 如何从想法到产品

从想法到产品，意味着交付给用户的服务，从价值确定、细节不确定，走向价值确定、细节也确定。产品一定是需要标准化、流程化、可规模化、可迭代、可复制的。

产品思维的核心是：我们要以标准化和可复制的方式去满足用户的需求，给用户提供确定性的产品和服务。

很多公司缺乏产品思维，所以会出现不同员工在面对同样的用户问题时，有截然不同的处理方式。这样会带给用户比较，导致企业输出的服务品质不稳定。

无印良品的白皮书，是经典的产品思维应用案例。全球的无印良品店铺给用户完全一致的感受和体验，离不开店铺运营中种种细节的产品化。《解密无印良品》这本书中曾经提到，作者松井忠三面对无印良品的赤字状况，着手从企业文化到管理手段进行一系列改革，最终形成了整个企业通用的一本2000页的MUJIGRAM工作手册，这本MUJIGRAM手册就是传说中的无印良品白皮书。在这本白皮书里，无印良品的店铺，所有的商品布局均须统一，商品陈列方式都有固定规则。无印良品的员工可以从手册说明中获得所有的工作标准，无须请教。与此同时，随着全球不同门店、不同员工的新经验诞生，无印良品白皮书还在持续更新、迭代。

无印良品将门店中的一切经营细节都产品化，以便于复制到全球的无印良品店。正是这样的产品化，帮助无印良品走出了赤字，成为全球久负盛名的品牌之一。

产品运营方案的规划，需要产品思维的支撑，才能在应用之时给出一份可复制、可规模化、可标准化的方案，产品运营画布的应用，离不开产品思维的应用。

基于标准化，可复制的产品思维，首先要明确什么样的方案算是标准化、可复制的。它们需要满足两个特点：

- 每个人拿到标准后的理解都一样。
- 每个人拿到标准后所执行的动作都一样。

这个标准并非一成不变，而是可以迭代、优化的。

一款线上产品的标准化，是通过原型设计与需求文档撰写来标准化、明确细节的。那么对于一款线下服务产品来说，应当通过哪些要素来完成具备产品思维的服务设计呢？我们认为有三个要素：服务流程、服务标准、必要的服务动作。

以眼科诊所为例，在眼科诊所里，我们比较常见的评价是这个医生态度好，那个医生态度不好。如果要做有产品思维的眼科诊所，明确好服务流程、服务标准和必备的服务动作十分必要。

完善了这些，用户对诊所的感受，就不再是单一维度的医生服务态度。眼科诊所的整体气质、每个环节的服务、每位员工的引导沟通都会成为用户体验感受的一部分。

和大家分享一下，之前为一家眼科诊所梳理的标准化、可复制化的服务产品。

步骤	STEP ⓪	STEP ①
流程内容	预约确认	挂号建档
流程执行要点	用户预约后与用户确认到达时间和注意事项，事先说明需要卸妆，需要卸掉隐形眼镜	可以引导用户加自己的微信，便于后续转化和持续沟通，也可以引导用户加公司公众号，预约联络人可以根据实际情况给用户建议的联系方式
服务执行要点	说清楚服务环节，尤其是卸妆和睑板腺按摩这两个环节可能带来的不适需要提前和用户沟通，主动询问是否有呼吸道炎症，如果有炎症，可以更换为生理盐水来做恒温雾化，暂时不愿意做雾化的用户，可以先用门店的眼部按摩仪替代雾化环节（因为眼部按摩仪是恒温按摩仪，也可以一定程度起到疏通腺体的作用）	负责挂号建档的接待人员，需要和用户清楚地讲解接下来的所有步骤和环节，以及每个环节起到什么作用，可能有哪些不好的感受和体验，尤其是睑板腺按摩的感受不是特别好，需要进行优化
可能涉及的准备内容		眼部按摩仪（暂时不需要）

简化版的服务流程

这里，仅展现设计的思路，如果想要了解设计的服务标准化、可复制化的表格，可以找到微信公众号"新物种研究工作室"，回复关键词"产品思维"进行下载。

你也可以尝试将日常那些依赖经验的服务，进行类似的流程化和标准化。产品化的过程不能帮助客服成为顶级的客服，但可以让大部分人给出及格线以上的服务结果。

产品思维的本质就是了解用户，并且找到标准化、可复制的产品服务满足用户。

如果要在产品运营画布中找到那个合适的场景，就需要更多地深入思考我们的用户到底是谁，需要产品服务价值的场景到底是什么，而产品策略，很大程度承担着体验和激励规则标准化、可复制的价值，期待读完本章内容之后，你对产品运营画布的理解又深入一层。

第8章

／

数据思维

整个商业智慧的发展，其实就是数据越用越深、越用越广的发展。数据应用的能力，将成为业务成败的主要因素。正如阿里巴巴CEO张勇所言：未来没有线上线下之分，只有一个数字化世界，这是我们工作的世界，也是我们生活的世界。

数据思维在当下已经成为产品运营人需要具备的重要能力之一。

虽然"数据"这个词语看起来让人头大，但其实想要拥有数据思维并没有想象的那么艰难。

数据思维的本质其实是：数据采集→数据分析→解决问题。

是不是看起来很简单？其中的奥秘在于：我们智慧的大脑需要去判断搜集什么样的数据，以什么样的视角去分析搜集来的数据，最后需要通过分析提炼出解决问题的方案。

这是一个体系化思考业务的框架，一个用数据思维重新架构一套数据逻辑下的业务框架。

在第2章中曾经提到过滴滴的案例。通过滴滴的数据发现：在某一个时间段有很多用户在线却没有发起打车需求。

沿着这个业务问题思考：用户打开滴滴却没有发起打车需求，到底有哪些场景？这些场景有哪些路径和触点？在这些触点上可以有什么样的体验、激励规则和产品策略去影响用户在线发起打车这个需求呢？同时，还有没有办法在这个解决方案实施的时候影响用户的频次/时长、转发和客单价？通过这样的思考，帮助我们构建出来一幅产品运营的画布。

而我们发现，数据是这一切的起点。通过数据解构业务，判断业务中的异常现象，是以数据视角对业务的一次框架性的梳理。

8.1　到底什么是数据思维

数据思维就是把业务现状数据化的思维意识，从数据采集到数据分析再到解决问题都尽可能量化。这样说或许有点抽象，接下来可以从以下案例中窥探一二。

淘宝的"猜你喜欢"总是在消耗我们的时间。它推送给我们特别想要点开的图片，激发我们持续不断点开浏览的欲望。在这些看似不经意的背后，其实淘宝已经在不知不觉中增强了我们与它的黏性，同时增加了单个用户的ARPU值。推动这一切的就是数据驱动用户运营的逻辑。

ARPU（ARPU，Average Revenue Per User）即每个用户的平均收入，是用于衡量业务收入的指标。ARPU注重的是一个时间段内从每个用户那里得到的收入。很明显，高客单价的用户越多，ARPU值越高，单用户购买的频次越高，ARPU也越高。

淘宝的"猜你喜欢"，是怎运用数据一步步运营我们的呢？

（一）淘宝的"猜你喜欢"搜集了哪些标签？

要想推送给用户喜欢的产品，必须搜集用户所青睐的商品标签，比如：

商品特征标签：商品价格、商品风格等。

用户特征标签：年龄、性别、喜好、购物时间段、购物频次、平均消费金额、不同季节消费的偏好等。

用户行为数据标签：商品被用户看到后，用户停留在该商品页面的时间、是否加购物车、是否收藏、是否购买、是否领取优惠券等，都是需要记录下来的用户行为，这些用户行为背后也代表了用户对这个推荐的接受程度。

大体来说，精准推荐算法，也就是淘宝"猜你喜欢"所用到的算法，是把用户特征标签和商品特征标签进行关联。与此同时，通过跟踪用户行为数据来判断这个推荐是否准确，如果不准确，就会调整对这个用户和商品的特征判断，以便未来进行更精准的推荐。

值得注意的是，淘宝精准推荐平台实际搜集的标签在这里无法完全罗列出来。除了因为这是内部信息需保密以外，还因为精准推荐所搜集的标签实在太过庞大。另外，淘宝精准推荐算法也在持续迭代，所使用的数据模型、标签名称、标签数量都在持续变化，所以以上标签并非淘宝"猜你喜欢"真实搜集的标签，而是为了便于理解精准推荐这种算法，所进行的举例说明。

（二）分析对比用户标签

当对用户不断进行数据统计之后，就需要分析、比对用户的标签。可以把用户喜欢的商品、用户本身的标签视为用户的边界。在边界以内，推荐的都是用户标签对应的用户可能会喜欢的商品。虽然给用户推荐边界内的商品，都是用户有兴趣的，但这还不够，因为用户只是感兴趣，未必足以刺激用户形成转化。能够促使用户转化，让用户产生付费动机，可能是因为营销内容的说服力，也可能是因为比用户预期的价格更低。

所以对比用户标签时，需要把用户放到更多场景下去做分析，这样才便于找到更多可能会影响用户行为的因素。

（三）"猜你喜欢"应该怎么对不同用户标签的数据变化形成运营反馈

通过不断对比用户标签，知晓用户可能对哪些影响因素敏感，从而产生付费行为，就可以及时调整推荐策略，以便在精准推荐上取得更好的效果。

这样的调整是基于数据变化和用户标签分析所形成的运营反馈。

例如，算法既会给用户推荐标签内的商品，也会给用户推荐标签外的商品。用户面对这些商品会有不同的反应，购买、不断浏览、收藏、加入购物车，或者浏览一下就关掉页面。为了不浪费每一次曝光的机会，确保每一次推荐的商品有高转化，就需要分析以上这些更细节的数据。

比如某用户对笔记本电脑的品质要求更高，推荐超出他正常消费价格的笔记本电脑，用户愿意尝试，但是他对零食产品很忠诚，薯片就只买某个品牌的薯片，那在做推荐算法时，文创类的产品推荐可以有超出日常消费价格的产品，但零食类产品就给他推荐性价比最高的几款就好。相应的商品推荐策略，可以不断根据用户新发生的类似行为数据进行调整。

以上就是典型的平台型的产品，运用平台的能力，以数据来驱动用户的运营。

基于以上案例，相信你会发现，数据思维用于用户运营时的主要步骤为：

（1）标准化用户数据的搜集，明确用户的标签。

（2）分析对比用户标签。

（3）基于不同用户标签的数据变化，形成运营反馈。

8.2 数据思维如何体现在社群运营中

对于非平台型的产品，数据统计精细化颗粒度不够的业务，可以怎样更充分地使用数据思维呢？

举个例子，现在很多平台都在做社群运营，其实在做社群运营时，也可以很好地使用数据思维。下面不妨来看看。

首先来想想社群的价值。社群的价值其实是用户在讨论社群主题范围内（或者是用户关注）的话题时，进行高价值讨论，避免低价值内容在社群中出现，不然会被大部分用户屏蔽信息，想要在社群内做的转化就难以实现。

这里，依然可以使用开篇提到的三步走方式：数据采集→数据分析→解决问题。

(一) 第一步：标准化用户数据的搜集，明确用户的标签

围绕社群的目的，要更精细化地运营用户，通常会需要用户在群内修改名字。

如果是基于某种社团特征的社群，通常会要求用户标注上：地区+行业+姓名。如果是基于某个目的阶段群，比如读书群，就需要标注正在看的书。如果是英语演讲群，就需要标注英语演讲的段位，等等。

那些用户没有标注的群，除非本来就是熟人，不然很难形成讨论。有了用户标注，在进行陌生人之间的沟通和运营时，才有一个好基础。

虽然标注对社群基础设施来说迈了很好的第一步，但是从社群运营者的角度来看还完全不够。社群运营还应该搜集一系列信息：

（1）关注用户发言的频次和质量。质量指这个用户发言后可以在群内带来多少持续讨论。

（2）关注用户拉进群来的用户量，以及群内用户之间的链接情况。

（3）对群内讨论的内容进行标注，例如八卦、干货、人物、线下活动等。

（4）关注社群的活跃时间段。

通常一个群内都会有几个关键链接，这几个链接点就链接了整个群的成员。

(二) 第二步：分析对比用户标签

完成了对社群用户的数据搜集，就需要分析对比用户标签。可以基于用户的发言频次和质量、用户和用户之间的链接数据，对用户进行分级。不断分析不同类型的内容发布，不同分级上的用户发言频次和质量的变化，以及用户和用户之间的链接的数据，以此来判断：

（1）哪种内容是不断提升群内的用户链接紧密度的？

（2）哪种内容是提升群内用户增速的？

（3）哪种内容是提升用户发言频次的？

（4）哪种内容是提升用户发言质量的？

（5）哪种内容对哪种分级下的用户效果最佳？

（6）哪种内容在哪个时间段的发布效果最佳？

这样就掌握了一张精细的用户群体、用户行为、活跃时间、内容标签的社群运营大图。

第二步完成了数据分析，但还远远不够，因为用户的行为总是波动的。波动的原因可能是因为不同的社会热点，也可能是因为用户自身的成长与变化，所以还需要进行持续的数据搜集和数据分析，让我们对运营的社群做到心中有数。

(三) 第三步：基于不同用户标签的数据变化，形成运营反馈

当发现某个分级的用户在减少，社群用户结构出现两极分化的情况时，可以找到该对应分级用户最感兴趣的内容，进行更多的发布。

当希望进行一些商业项目的转化，需要大家开始提高对群的关注度，加强用户之间链接的时候，可以发起一些有助于增加群内链接的内容讨论，以便于在合适的

时候进行商业转化。

通过数据统计和分析，可以找到哪些用户有更多的链接、更好的社群内容输出，需要和这些核心用户进行单点的沟通讨论，以便于他们对社群有更高的认可度。也可以在社群运营出现怎么做都效果不佳时，多和核心用户沟通，感知来自核心用户的判断。

当不知道怎么做时，就到一线去，到核心用户群体中去。

了解数据，就可能对用户的现状、用户的大盘和历史行为有一个基础的判断。但是对用户的洞察，也并不能单纯靠数据所表达出的信息，很多时候需要和用户直接沟通，探知那些难以被数据洞察的深层原因，以便洞察之后，再尝试以提取关键要素的方式，把过去没有数据化的标签尽可能标签化。

8.3　数据思维在企业日常经营中的体现

数据思维在企业经营当中，通常体现在三个层次：财务、策略、资源。

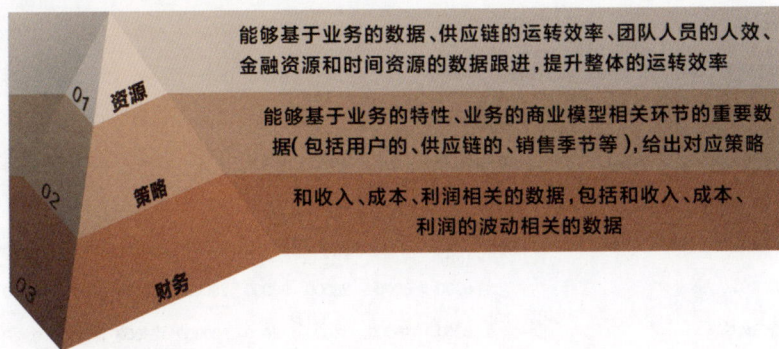

01 资源　能够基于业务的数据、供应链的运转效率、团队人员的人效、金融资源和时间资源的数据跟进，提升整体的运转效率

02 策略　能够基于业务的特性、业务的商业模型相关环节的重要数据（包括用户的、供应链的、销售季节等），给出对应策略

03 财务　和收入、成本、利润相关的数据，包括和收入、成本、利润的波动相关的数据

日常经营中的三个层次

8.3.1　财务层面的应用

数据思维在财务层面的应用是个基础环节，一家公司如果连收入、成本、利润都没办法做到精细化管理，实在无法想象这家公司要怎么做经营规划。

之前有一家非常早期的旅游公司找我做咨询，他们想要做线上商城的业务。我们基于线上商城这个业务讨论了策略和可能落地的方向，可是在沟通过程中，我始终有错位感。这个错位感是什么呢？

线上商城需要持续投入一段时间，才会开始有销售，从而赢得净利润增长。对于大部分从零开始做线上商城的公司而言，在较长一段时间内线上商城在财务报表里都是负利润的项目。但我能够感受到这个创始人迫切地希望线上商城带来销售业绩。为什么如此急迫？财务数据到底是什么样子的呢？我和创始人一起梳理了他们公司的财务数据。

	1月	2月	3月	4月	5月	6月	7月	8月	9月	10月	11月	12月
Rev	500000	150000	150000	150000	150000	150000	150000	150000	150000	150000	150000	500000
GP	50000	15000	15000	15000	15000	15000	15000	15000	15000	15000	15000	50000
成本	8000	8000	8000	8000	8000	8000	8000	8000	8000	8000	8000	8000
剩余利润	42000	7000	7000	7000	7000	7000	7000	7000	7000	7000	7000	42000
剩余累计利润	42000	49000	56000	63000	70000	77000	84000	91000	98000	105000	112000	**154000**
新增毛利和成本												
微信公众号交易							1000	1000	1000	1000	1000	1000
淘宝交易							500	5000	6000	7200	21600	21600
新增GP							125	350	400	460	1180	1180
累积新增成本							125	475	875	1335	2515	**3695**
内容营销					6000	6000	6000	6000	6000	6000	6000	6000
电商运营-微商城					2000	2000	2000	2000	2000	2000	2000	2000
电商运营-淘宝							20000	20000	20000	20000	2000	20000
新增成本					8000	8000	28000	28000	28000	28000	28000	28000
累积新增成本					8000	16000	44000	72000	100000	128000	156000	**184000**

旅游公司的线上商城财务报表（单位：元）

通过对财务数据的简单梳理我们发现，原来计划上线的线上商城，根本还未到上线时机。这张表里GP表示毛利润，Rev表示收入。

这家公司的全年累计净利润实在太低，低到无法支撑线上商城开通之后可能带来的投入。

仔细看下这张表，全年累计利润154 000元，做线上业务会增加成本184 000元，做线上业务可能增加的毛利润为3 695元。当把这个数据算出来之后，创始人倒吸一口凉气，他恐怕没有想到原来利润薄弱到无法支撑新增线上商城运营的成本。

于是，我强烈建议创始人将累计利润目标提升到30万元，达到30万元之后再考虑投入线上商城的建设。为什么有30万元这样一个建议呢？因为从旅游行业的经验数据来看，暑假的旺季通常从4月就开始有复苏的迹象，5月开始进入销售旺季，6月达到巅峰，然后7月、8月是出行旅游最旺的季节。一般旅游行业公司的收入基本靠4月到8月奠定全年的销售基础。另一个机会时间是国庆之前，这段时间也是旅游行业的一个销售小高峰期。可是从这家旅游初创公司的财务数据来看，他们在暑假旺季以及国庆旺季的销售都存在太大的提升空间。

我们将5月至8月的销售毛利目标调整为5万元，那么对应的销售流水就是50万元，对于暑期出游的家庭，一般是3个人出游，6个人出游也不在少数，其中一个顾客的销售收入是6千元左右，那么一个家庭的销售收入就是1万8千元到3万6千元之间，意味着只要能够将产品销售给20个家庭，就可以达到50万元这个销售目标。

我问创始人，每个月20个家庭的销售目标，你觉得难吗？创始人表示不难。

于是我们迅速将业务规划的落脚点从线上商城调整到了如何做到旅游旺季单月50万元的销售额。如果能够做到50万元的月销售额，全年净利润就有30万元，减去线上商城经营成本之后，基本可以维持原来的利润水平。

通过财务数据，可以更清楚如何取舍业务重心，从而有更明确的方向启动产品运营画布的使用。

8.3.2 策略层面的应用

我们从数据出发，找到策略优化的要素，然后来设计产品运营方案。

2011年，小米在用数据思维做活动这件事上，算得上是数据思维应用于活动策略的经典案例。

小米在推出手机之前，为了预热，当时在微博上做了一个热门话题，通过激发用户的参与感，用迭代思维不断创造话题和内容，找到数据背后的关键点，小米的运营让这个活动的生命周期从七天延长为一个月。

当时，小米在微博发起#我是手机控#的话题，用户只需勾选过去使用过的所有机型，就可以自动计算价格，展示累计价值，然后自动生成带图片的微博，进行分享。

炫耀与参在感，让用户都来晒自己过去用过什么手机，也让发烧友们有了炫耀价值的机会。小米的CEO雷军，是位超级手机控，16年用了53部手机，平均每年4部，一共支出191843元。

@雷军 的手机编年史（1995—2011）

1995　爱立信 GH337　摩托罗拉 3200
1998　诺基亚 8110+　爱立信 GF788C
1999　诺基亚 6150　爱立信 S868　诺基亚 8810
2000　诺基亚 8210

2002　摩托罗拉 V70　诺基亚 6510
2004　Palm Treo 600　黑莓 6700C　索爱 P906　摩托罗拉 V3
2005　多普达 586　多普达 838　诺基亚 N70

2006　诺基亚 N73
2007　苹果 iPhone
2008　Prada　HTC Diamond（G）　苹果 iPhone 3G　HTC G1　诺基亚 E71
2009　魅族 M8SE

诺基亚 5800XM　魅族M8　HTC Touch HD2（Leo）　苹果 iPhone 3GS　HTC G2（Magic）　HTC G3（Hero）　Palm Pre（G）　诺基亚 E72　摩托罗拉 XT800
2010　摩托罗拉 ME811（Droid）　苹果 iPhone4

诺基亚 N8　苹果 iPad touch　魅族 M9　三星 GT-I9000（Galaxy S）　HTC G7（Desire）　谷歌 Nexus One　联想 LePhone　三星 Galaxy Tab　HTC HD7　HTC EVO 4G　黑莓 9600

机龄16年，每年4部，共53部
败手机支出：191843元
平均每部手机支出：3620元

2011　HTC Magic+　诺基亚 C7-00　联想 乐Pad　谷歌 Nexus S　摩托罗拉 XOOM　三星 Galaxy S II（I9100）

测测你是神马级别手机控？
MIUI手机控鉴定中心
kong.miui.com

小米活动——我是手机控之雷军手机编年史

这个话题在微博上发布后，很快就引爆了全网，当晚转发就突破10万次。这一轮活动持续了一周，逐渐进入了尾声。

于是小米的运营人员开始思考怎样可以让这个活动再引来一轮爆发点。结果发现很多用户在盘点手机的时候，都会讲他当时买这部手机的故事。很快，小米的运营人员就在这个活动上增加了一个功能：你在勾选了手机之后，可以对勾选的每一部手机添加购买时的故事来分享。这个基于数据分析而迭代的产品运营动作，让活动又焕发出新一轮生机。

这样就结束了吗？没有，小米的运营人员还不甘心，又通过数据分析找到了新的迭代路径：分享完故事后，系统把拥有相同型号手机的好友推荐给你。通过这样一轮又一轮的迭代，小米的这个活动在新浪微博上累积了超1700万次的讨论，也把一个原本只有一周生命周期的活动，延长到了一个月。

其中，数据确保了运营所选择的活动策略优化的正确性。为什么这样说呢？在分享时，用户有很多不同的分享主题，有炫富的分享主题，有身份感的分享主题，也有分享故事的主题，可小米的运营为什么选择了购买手机背后的故事作为活动的更新点呢？其实就是通过数据的监测，找到分享频次最多的主题，同时这个分享的主题还可以吸引新用户讨论，以这两个指标叠加起来的结果，就得到了小米需要选择的主题。

而当小米的运营人员选择了这个主题之后，所要思考的问题就是用户在什么场景下更有可能分享这样的话题，分享的路径是什么，在这个路径上有什么关键触点，如何让用户有可能形成转发，然后去设计这个触点上的体验、激励规则和产品策略。

> **"**
> 所谓增长，绝不是用户单一维度的增长，而是整个业务体系的增长。

当然，在2011年的微博上活动比较少，精品的活动就更少，所以在微博上做活动没有现在竞争这么激烈，选择一个正确的方向就能支撑策略顺利生效。但是到了当下这个用户过目就忘的市场里，如果不打磨好体验、激励规则和产品策略这些细节，将更难以获得用户的芳心。

8.3.3　资源层面的应用

资源层面的应用对于企业而言，可以极大提升效率。企业内资源有三个：人力资源、生产资源和金融资源。

（1）人力资源。同一个人在不同的业务里、在不同的工作环境中的表现可能差别很大，甚至同一个人在不同的团队里也会有截然不同的表现。所以可以基于团队、环境、业务为每一个人才安排更适合的工作岗位。国内某头部电商公司的大数据负责人曾经和我讨论过这样一个话题，不同用户有不同的性格，客服的性格也各不相同，有的客服性格爽快，适合有些磨叽的用户，有的客服性格温和，适合性格有些急躁的用户，电商公司就可以针对不同性格的用户，系统自动为这个用户匹配最适合他性格的客服，这样沟通起来用户开心，客服也开心。

（2）生产资源。基于销售进度去开展生产，应该是每个品牌最理想的生产方式，如果还能根据生产进度按时按点采购适量的生产原料，就更好了。毕竟额外的生产及原材料采购，都会消耗仓储资源和现金资源。另一方面，对生产流程进行数据化监控，也可以避免货物的损失，从而节省成本。曾有这样一家传统的屏幕制造工厂，他们的屏幕货损率高达40%。当去抓取生产流程中每一个环节的货损率指标时，发现有几个环节货损率极高，于是迅速对这几个生产环节进行了干预，降低整体的货损率。这是典型的利用数据化监控为公司节省成本的案例。

（3）金融资源。对于企业而言，现金流不仅仅指银行账户中的现金余额，还包括货物周转周期所带来的现金回流。通常货物周转周期所带来的现金回流是压垮很多公司的稻草，货物周转周期长，意味着要长时间囤货、垫资，而货物周转周期短，就意味着现金流很好，企业需要用钱的时候，能够比较方便调配现金资源。

现金回流，简单讲是分析清楚货物生产出来到上架的最短时间是由什么决定的，上架之后快速销售出去是由什么决定的。要解决这样两个问题，需要做三个判断：

- 不同地域的用户，想要的产品有什么差异？这个问题决定了在不同区域，可以如何精准配送商品，精准上架商品。

- 滞销的产品如何调配？这个问题解决了收入最大化的问题。

- 货物从工厂到货架的最优配送路径是什么？这个问题解决了发货的效率问题，以最短时间、最快速度、最低成本完成货物的配送。

要完成这三个判断，就要搜集相关的数据，然后分析得出相应的结论。

8.4 数据思维在企业日常经营中的流程

数据思维在企业日常经营中的流程，同样是数据采集→数据分析→解决问题这几步。

- **数据采集**：数据的统计目标是了解现状。在这个环节最需要弄清楚的是需要搜集哪些数据。

- **数据分析**：分析问题和机会这个环节最重要的是想清楚有了数据，应该从哪些方向分析。

- **解决问题**：找到问题所在，并且应用产品运营画布来想清楚到底如何解决这个问题。

在日常业务的执行过程中，通过数据重构业务是必要环节。用数据重构业务可以通过这几步来思考：

逻辑是什么？ → 逻辑中的关键要素是什么？ → 要素和哪些指标相关？ → 分析它！

分析的流程

以前文提到的小米活动的案例来看这几步的具体操作：

（1）逻辑是什么：一个社会化媒体上的用户分享活动，希望通过用户分享，带来更多用户关注和参与。

（2）逻辑中的关键要素是什么：什么样的分享可以带来更多的用户关注和参与。

（3）要素和哪些指标相关：谁分享？分享什么？

（4）分析它：基于前三点，需要分析分享的内容类型、用户类型，以及不同类型的用户分享的不同内容，分别可以带来多少新用户的关注和参与。

如果为这个分析设计一个表格，应该类似下面这个样子：

日期	内容分型	用户分群	分享量	浏览量	新增用户参与量
XX年X月X日	炫富型	学生	100	10000	200
XX年X月X日	故事型	年轻白领	600	800000	600

小米活动的数据思维示意

读者也可以试着将自己的业务问题，用这四步进行重构。

8.5 巧用数据思维达成目标与协同

8.5.1 初创企业如何设计可量化的目标

对于初创企业来说，建议从财务的角度去设计目标，然后倒推每一个环节要支出的成本。因为对于初创企业而言，现金流是最重要的事情。

之前我为一个蜂蜜品牌设计整个业务规划时，这家企业有一个硬指标，就是在12月必须达到净利润为正。于是就围绕着整个利润指标去规划整个品牌的成本和收入。

	1月	2月	3月	4月	5月	6月	7月	8月	9月	10月	11月	12月	全年合计
利润	-20100	11600	7450	10680	10140	4215	23580	28675	14140	20020	42680	45260	198340
毛利润	4400	21000	13750	20400	19800	39900	39200	44100	31900	38500	63800	67100	403850
运营基础													
蜂蜜每斤成本	65	65	65	60	60	60	60	60	65	65	65	65	755
蜂蜜每斤售价	120	100	120	120	120	130	130	130	120	120	120	120	1450
重点指标													
收入	9600	60000	30000	40800	39600	74100	72800	81900	69600	84000	139200	146400	848000
市场费用	1440	6200	3000	2760	2760	5060	5060	3760	3360	3360	3120	3840	43720
经营费用	20000	0	0	0	0	20000	0	0	0	0	0	0	40000
人力成本	3060	3200	3300	6960	6900	10625	10560	11665	14400	15120	18000	18000	121790
收入	9600	60000	30000	40800	39600	74100	72800	81900	69600	84000	139200	146400	848000
蜂蜜斤数	80	600	250	340	330	570	560	630	580	700	1160	1220	7020
平均用户购买斤数	1	2	1	1	1	1	1	1	1	1	1	1	13
对应用户数	80	300	250	340	330	570	560	630	580	700	1160	1220	6720
企业内部	50	200	150	120	100	200	200	120	100	100	100	100	1540
团购渠道	20	80	50	60	80	120	120	100	80	80	60	120	970
散客	10	20	50	160	150	250	240	410	400	520	1000	1000	4210
市场费用	1440	6200	3000	2760	2760	5060	5060	3760	3360	3360	3120	3840	43720
企业返点10%	600	4000	1800	1440	1200	2600	2600	1560	1200	1200	1200	1200	20600
团购返点10%	240	1600	600	720	960	1560	1560	1300	960	960	720	1440	12620
平台费用	600	600	600	600	600	900	900	900	1200	1200	1200	1200	10500
微信公众号费用	300	300	300	300	300	300	300	300	300	300	300	300	3600
微信商城费用													0
淘宝店铺费用						300	300	300	300	300	300	300	2100
自有平台活动费用	300	300	300	300	300	300	300	300	600	600	600	600	4800
经营费用	20000	0	0	0	0	20000	0	0	0	0	0	0	40000
包装设计	20000												20000
平台开发						20000							20000
人力成本	3060	3200	3300	6960	6900	10625	10560	11665	14400	15120	18000	18000	121790
销售提成	60	200	300	960	900	1625	1560	2665	2400	3120	6000	6000	25790
内容运营实习生		3000	3000	3000	3000	3000	3000	3000	3000	3000	3000	3000	36000
客服实习生				3000	3000	3000	3000	3000	6000	6000	6000	6000	39000
打包服务						3000	3000	3000	3000	3000	3000	3000	21000

初创企业可量化目标

如果要使净利润为正，就要开始设计可量化的目标。比如：

（1）平均每个用户要购买多少斤？

（2）用户的来源是什么？在每个渠道要分别做到什么量级？

（3）需要把人力成本、经营成本和市场费用控制在什么范围内，才能够做到有利润？

8.5.2　大公司如何做可量化的目标成本

对于大公司而言，建议用以下图表的方式设定目标。比如在某电商内部，会根据不同的工种对应的不同工作内容，设定不同的工作目标。

职能	动作	流量指标					交易指标			转化指标	
		PV	UV	老用户UV	UV停留时长	UV二跳率	订单数	流水	毛利	订单转化率	支付成功率
产品技术	稳定性										
产品技术	体验优化功能等										
产品技术	打包购买功能开发										客单价提高导致支付犹豫
品牌传播	品牌和新闻传播										
采购	新产品采购										
客服	提升客户咨询响应效率										
数据运营	找到转化提升点										
活动运营	主体活动										

不同职能的量化指标

比如产品技术岗位，是为产品稳定性服务的，所以这个岗位的目标应当是和稳定相关的PV、UV这样的指标；品牌岗位，是为产品的传播服务的，这个岗位的目标应当是影响流量的指标，例如PV、UV、老用户UV等；采购岗位，是为采购对应的好销售的产品服务的，所以这个岗位的目标应当是转化和交易的指标。

这张不同职能的量化指标表，其实是把业务当中的各个环节，以指标的方式罗列出来，再来评估每个岗位的工作和指标之间是否有相关性，如果有相关性，就可以作为该岗位的考核指标，也就是该岗位的工作目标。

大部分的工作岗位都可以被量化，差别只是以什么样的周期来量化更为合适。

当然，目标的设定本来就是目标协同的一种很重要的支撑方式，而目标的协同对于产品运营画布的执行来说也是极为重要的，因为产品运营画布所设计出来的产品运营方案通常牵扯甚广，体验、激励规则和产品策略，会覆盖公司内的运营岗位、产品岗位、研发岗位、产品采购岗位，甚至是客服岗位的相关工作，有一套目标协同的机制可以极大程度地帮助产品运营画布这种需要调动更多职能来实现的系统化方案落地执行。

但是目标对了，分析到位了，方案合理了，很多时候不一定就能确保拿到好的业务结果，之所以难以得到好的结果，问题恰恰就出现在执行上，也就是过程管理上。

8.6　巧用数据思维去做过程管理

在阿里巴巴工作的时候，我们就发现所有的结果都是由过程带来的。当发现结果不好的时候，已经无力改变了。所以只有不断地去追过程，抓过程目标，才能确保得到好的结果。

过程管理的思维，让我们在工作执行的过程中，不断跟进过程指标的进度，找出那些影响结果的指标。不断问问题，解决问题，才能够确保拿到好的业务结果。

接下来以前面提到的蜂蜜品牌为例分析过程管理究竟如何来做。

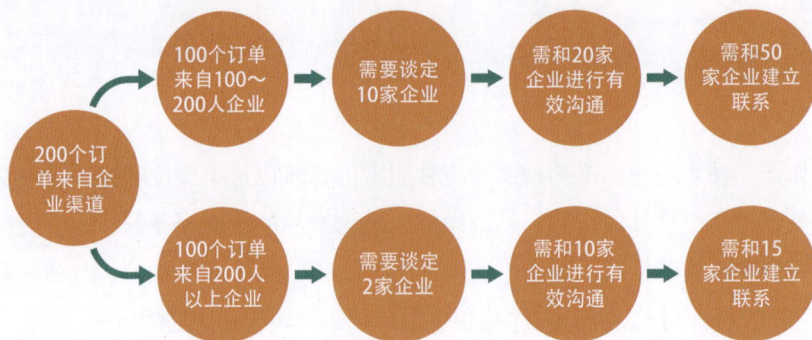

某蜂蜜品牌的过程管理

从图中可以看到，当时定了一个销售目标，企业渠道订单达成200个。那么接下来，可以先简单拆解这个目标：200个订单=100个订单来自100~200人的企业+100个订单来自200人以上的企业。

在这个拆解目标的基础上开始进行过程工作的规划，而过程工作的规划，就对应了过程指标。如果有100个订单来自100~200人规模的企业，意味着要谈妥10家企业。如果需要和10家企业谈妥合作，那么相应地就需要和20家企业进行有效的沟通，与50家企业建立联系。

要达成200个订单，与50家企业建立联系，与20家企业进行有效的沟通，就成了这个目标中的过程指标。只有管理好这个过程指标，不断追问是否有50家企业已经建立联系，是否有20家企业已经进行有效沟通，是否有10家企业谈妥合作，才能确保最终能够拿到工作结果。

如果觉得上面这个例子不够过瘾，下面再来看看在做支付宝口碑"双12"活动的时候，如何对"双12"的活动进行过程管理。

当时的活动是由线上活动和线下活动这两部分组成的，所要的核心目标是销售额。这里仅以"双12"的线下活动为例，来说说如何进行过程管理。

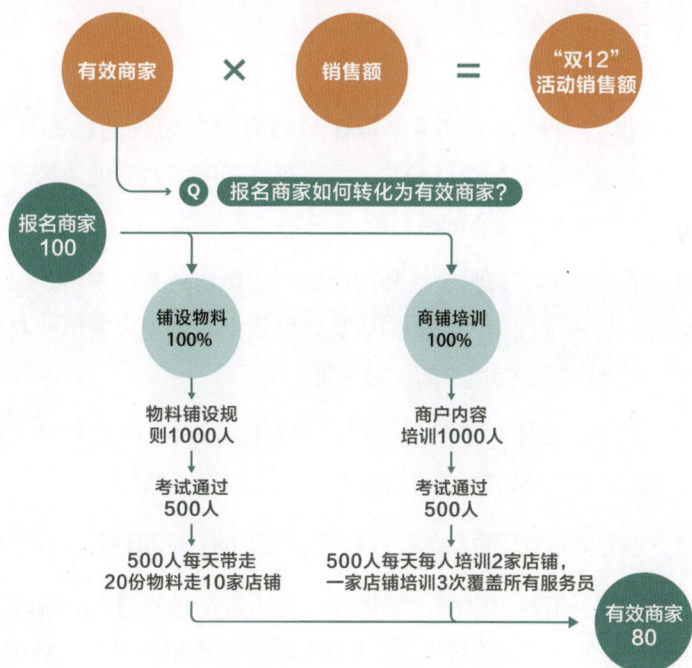

有效商家 × 销售额 = "双12"活动销售额

Q 报名商家如何转化为有效商家？

报名商家 100

铺设物料 100%　　商铺培训 100%

物料铺设规则1000人　　商户内容培训1000人

考试通过500人　　考试通过500人

500人每天带走20份物料走10家店铺　　500人每天每人培训2家店铺，一家店铺培训3次覆盖所有服务员

有效商家 80

支付宝口碑"双12"线下活动

"双12"线下活动的规则是：在"双12"当天，用户在支付宝口碑的线下合作门店使用支付宝口碑结算，就可以参与"双12"的5折活动。

假设将目标设定成100个商家报名，那么在这100个商家中可能产生80个有效商家。这80个有效的商家乘以平均的每家当日销售额，就得到了这个活动的总销售额。

而达成销售额这个结果指标的过程指标是什么呢？是报名商家、有效商家和每个商家的销售额。

这里最影响销售额的指标是什么呢？是有效商家80家。因为线下商家的销售额整体来讲波动范围小，如果能做到有效商家80家，对这些商家做到充分激活，那这些有效商家的销售额自然会以相当大的比例通过支付宝口碑完成支付。

怎样做到有效商家达80家呢？可以想到两个场景：

（1）用户到店，不知道支付宝口碑有活动，店员能否准确地传达活动信息。

（2）用户到店，知道支付宝口碑有活动，店员是否清楚如何核销。

围绕这两个核心点，需要达成的关键指标是：

（1）宣传物料的铺设达100%。

（2）商户培训达100%。

你可能会觉得，为什么是这两个指标？因为物料铺设的位置其实就是"触点"，是否在关键触点上进行物料张贴，很大程度影响消费者的决策。收银台、桌子都需要张贴，因为这是消费者的关键触点。

而商户里的店员需要了解整个活动的细则，避免用户来了不清楚怎么打折，因为这是严重影响销售额的因素。当然，店员如果能主动给用户宣传"双12"的折扣活动，一定可以更大程度影响用户的支付决策。

所以为了达成有效商家这个结果指标，对物料进行100%的铺设，对商家进行100%的培训，就成为了有效商家这个结果指标的关键过程指标。

那么，接下来需要对宣传物料的铺设和商户培训的目标再进行过程指标的拆分：

（1）宣传物料的铺设达100%，需要对1000人进行物料铺设的培训，这1000人中，可能有500人通过考试，然后这500人每人每天带着20份物料，走10家店铺，这就成了抓物料铺设达100%这个目标的过程指标。

（2）商户培训达100%，与物料铺设的道理一样。要对1000人进行商户内容培训，考试通过500人，然后这500人每天培训2家店铺，一家店铺培训3次，且覆盖所有服务员。为了达成100%培训商户，同样要去追这些过程指标。

如此一来，当每个过程都确保能够达成时，那么结果指标自然也就达成了。

当有了过程管理的思维之后，跟进过程指标的进展就不是问题。但难的是如何在进展不佳时找到问题并解决问题。

在进展不佳的时候找出那个关键的过程指标，可以分为这几个步骤：

（1）细分营销进展中的过程指标。

（2）提出假设问题。

（3）分析验证。

（4）提出解决思路。

如果一开始没有提出一个好的假设问题，没有沿着效率最高的方式去做分析，就有可能四处碰壁，耗费大量的时间搜集数据、分析数据，但却无法得到有用的结论。所以当发现业务进展不佳的时候，提出一个准确的问题可以帮我们节省很多时间。

如何才能提出准确的问题呢？答案是唯手熟尔。没有捷径，只有不断刻意练习，才会越来越懂数据，越来越懂业务。如果每天看40个指标，并且追问这些指标为什么波动，就一定比每周只看10个指标的人更懂业务，更懂数据波动背后可能发生的问题。只有更懂业务，更熟悉数据波动的可能原因，在数据出现波动时，才可能提出更准确的假设，基于假设进行分析验证，提出解决思路。

⭐ 划重点

❶ 数据就像钱，没有钱是万万不能的，但也不能光靠数据解决所有问题。数据更像是做产品和运营的基础设施，有了数据，就能对用户的现状、用户的全局和用户的历史行为有更全面的了解。

❷ 对用户和市场的洞察，也并不能只靠数据，很多时候需要和用户直接沟通，探知难以被数据洞察的原因。得知这些原因后，可以再尝试提取关键要素，把过去没有数据化的标签尽可能数据化。

❸ 数据思维是一种思维，也是一种工具。使用它，让数据支撑我们的判断，而不是让数据代替我们做判断。

❹ 相信有了数据思维的接入，我们的产品运营画布会有更准确的方向、目标，也会有更便于在这个大目标下进行协同的目标分配方式。

第9章

/

成本思维

与数据思维同等重要的是成本思维。成本思维不是关注如何省钱，而是关注赚钱的杠杆。我们每支出一分钱，都要有可以确定的回报。如果回报不够确定，那么所有的收获都有支出，所有的动作都有成本。

如何更好地使用成本思维来完成业务呢？在日常业务的判断中，至少可以提醒自己两个问题：

（1）支出的流量成本，能够获取曝光，但能否获得进一步转化？

（2）有没有一个动作，可以同时解决多个问题？

"No pain，no gain"简直就是成本思维的谚语写照，所有的收获都有付出，所有的动作都有成本。如果所有业务的问题和业务的目标能够用一个点打穿和完成，就一定只用一个动作来完成。

成本思维对于产品运营画布的应用和渠道流量的拓展有重要的影响。

在产品运营画布的应用上，通过产品运营画布规划产品运营方案时，可能会想到多种不同的实现方案，这时，需要用成本思维帮助我们做方案的取舍或者业务动作的合并。

在流量工具的应用上，要更多地关注不同渠道带来的投入产出比，如何更大程度提升渠道投放的效率。

成本思维如此有价值，怎样才能应用好成本思维呢？

（1）用成本思维，找到打通业务的最佳路径。

（2）用成本思维，计算所有动作的成本。

（3）用成本思维，勇于舍弃，建立优先级。

9.1 用成本思维，找到打通业务的最佳路径

首先来看下什么是业务打通。所谓业务打通，就是在业务的各个模块之间，可以互相使用资源，不断流转流量，达成业务资源的最大化利用。

掌握成本思维，可以帮助我们对业务进行创新思考，找到打通业务的最短路径。

那如何规划好的打通呢？可以使用打通业务自检清单：

自检清单

自检内容：	我的答案：
有什么是只有你能做，别人做不了的？（业务价值的充分利用）	——
能不能成为一个长期的功能，而不仅仅是一个运营动作？	是 / 否
打通带来的收益，是否有把握大于打通造成的成本？	是 / 否
打通带来的收益，是否大于不打通时已有的收益？	是 / 否
副线业务差异化不重要，重要的是和主线业务的结合	——

掌握成本思维，打通业务的自检清单

使用自检清单之后，就要来设计和规划一个好的业务打通，这里总结了7步攻略：

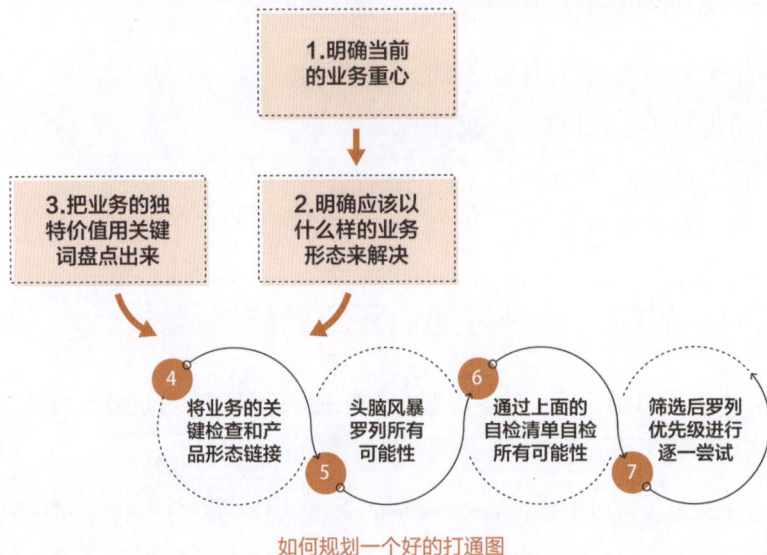

如何规划一个好的打通图

9.1.1　以小红书社群为例，拆解一个好的业务打通

以小红书为例，假设小红书要提升用户黏性，让用户在平台上能够生产更多有价值的内容。小红书计划上线微社群功能，以便用户在小红书上可以有更多的活跃行为沉淀。

接下来问题的关键就是，怎么做这个社群。

按照上面提到的7步攻略进行操作。第1步，明确当前的业务重心；第2步，明确应该以什么样的产品形态来解决，这两步都已经完成。那么接下来开始完成第3步，把业务的独特价值用关键词的方式盘点出来。

小红书在内容层面，有很鲜明的价值独特的优势：

（1）明星、网红多，平台内容"颜值"很高。

（2）图片可标记，让图片本身的信息点更清楚。

（3）商城商品精选，有完整的销售转化路径。

完成第3步之后接着进行第4步：将业务的关键词和产品形态链接。

业务的关键词有：高颜值、明星、标记、商品。有了这些关键词，加上社群，就可以头脑风暴罗列出社群的实现形式。

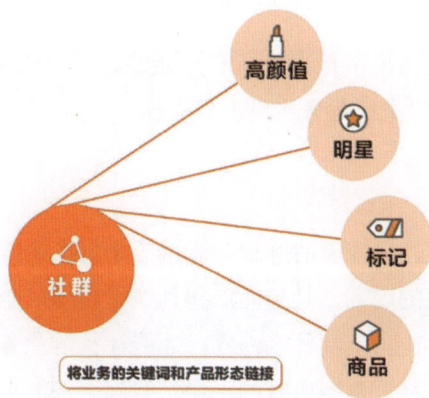

小红书的独特价值关键词盘点

实现形式可以通过产品运营画布工具进行思考。当使用产品运营画布完成产品运营规划后，可能会得到以下三个方案（如果你有其他思考，请到微信公众号"新物种研究工作室"回复，让我们看到）：

第一，可以做高颜值的社群。高颜值社群的内容是：每日排行内容的影响力分，高分者才可加入社群，社群内也有内容攻略持续更新，帮助社群中高颜值内容的创作者不断生产更优质的内容。在高颜值的社群里，每日的排行榜滚动更新，以这样的方式激励排行榜上的用户，创造更多更优质的内容，同时自发地进行转发获取影响力。

第二，可以做明星同款群。在明星同款群中，定期发布明星同款产品列表，鼓励群成员创作相应的产品体验内容。产品体验内容点赞最高的用户，可以得到明星的点赞，或者手动赞美。以这样的方式，激励用户主动关注明星同款，提升活跃的频次和时长，同时用户也会为了获得明星的点赞，主动转发，自发获取更多点赞关注。

第三，可以建立标记PK群。在标记PK群中定期发布明星街拍照片、明星短视频，鼓励群内用户标记产品名称和小红书购买链接。对于标记内容产出最多的用户可以累积积分，同时标记内容获得的评论点赞也可以获得积分。在一段时间内，累积积分最高的用户，可以得到明星同款大礼包商品。用这样的方式不仅可以给小红书的电商平台引流，也可以引导群内用户创作更多有标记的优质内容，基于点赞可以获得积分，也可以激励其中部分用户主动转发。

以上三个方案，是可能实现的具体社群方案。

接下来的一步是通过自检清单自检所有可能性，同时借助成本思维，判断第7步，业务的优先级排序，以进行业务的高效率打通。

（一）这件事情，是不是只有我能做，别人没办法做？

如果做高颜值的社群，这件事情抖音、微博等平台也能做。在高颜值社群里，如果仅仅是创作颜值更高的内容，其实无法和其他平台形成差异化，在社群内容的引导上，要更多思考社群应当沉淀什么内容，才能让社群业务和小红书的业务有更强烈的关联，而不是这个社群拿到所有的平台，看起来都能用。所以高颜值社群，并非是一件"只有我能做，别人做不了的事"。

明星同款群，是不是"只有我能做，别人很难做"的事情？的确是。因为更多的明星、网红，已经习惯了在小红书的平台分享产品体验，创作内容。可以说小红书是明星同款最多的平台，而且明星同款群所激励用户创作的内容，恰恰和小红书的优势连接在了一起。

标记PK群，鼓励用户在平台上，基于街拍照片创作标记内容，并且同时加上小红书的购买链接。这是一件只有小红书能做的事情。在别的平台上，没有这类标记同款、标记商品的内容特征，与此同时，标记的商品可以直接跳转到商城购买，也能更好地体现小红书的价值。

所以通过第一个维度判断，明星同款群和标记PK群是更好的社群方案。

（二）是不是能成为长期的功能，而不仅仅是一个短期的运营动作？

明星同款群和标记PK群，都可以作为长期功能存在，而不仅仅是短期运营动作。

（三）打通这件事情所带来的收益，是否大于打通造成的成本呢？

明星同款群，按照以上思路所涉及的工作，包括和明星沟通的成本，包括产品开发的成本，同时小红书在社群内安排的社群运营也是人力成本。

标记PK群，按照以上思路除了开发成本、运营的人力成本以外，就是高积分用户的奖励——以积分兑换大礼包商品的成本。

明星同款群能够带来的收益是：基于明星同款产品的评价内容、体验内容的增加。

标记PK群能够带来的收益是：用户创作的标记内容会增加，为小红书商城内的商品导入的流量会增加。

所以对于明星同款群，成本=开发成本+人力运营成本+明星沟通成本，收益=内容增加。而对于标记PK群，成本=开发成本+人力运营成本+积分兑换的大礼包成本，而收益=内容增加+商城流量增加（商城流量增加就意味着销售机会的增加），可见相似的成本投入，标记PK群带来的收益更高。

（四）打通带来的收益，是不是大于不打通时已有的收益？

小红书平台上的用户，并不是所有人都有意愿标注明星照片里的商品。所以将小红书的标记内容和社群的价值打通后，建设标记PK群带来的收益，一定是大于不打通时已有的收益的。

（五）副线业务差异化不重要，重要的是和主线业务的结合。

所谓副线业务的差异化不重要，指的是社群在小红书整体的业务板块中，并非核心业务板块。作为非主线业务，小红书社群和其他平台的社群到底有什么差异价值其实并不重要，因为没有用户因为小红书社群做得特别好来使用小红书。社群在小红书平台的整体业务中，是辅助角色。辅助角色和主线业务有非常强的关联性和互动关系，才能给平台沉淀更多的活跃用户。

标记PK群，作为副线业务，和主线业务的关联性非常强，既引导了用户创作更多主线业务需要的内容，也将新的内容和主线业务当中的商城模块进行了打通，所以标记PK群从业务打通自检清单这5条来说，是完全符合要求的。

好的业务打通，一定和主线业务有更深的结合。

9.1.2　出行公司案例

再分享一个出行公司的案例。

出行服务公司有一个典型的特征，它是双边业务，一方是供给侧（司机），另一方面是需求侧（用户），如果只有单边做得好，这个业务是不成立的，所以供给和需求都需要同步增加。

下订单的用户和司机是否能成交，有很多不可控的因素。但是如果一个用户在平台上总是无法完成订单，就会选择离开，所以用户增长的同时，供给侧的供应能力需要不断增加，这样需求侧才能稳定在平台上。

要把供给侧稳定起来，就要想办法提升司机的活跃度和黏性。某出行公司，为了提升司机的活跃度和黏性，提供了三种类型的服务：

（1）多种付费服务：ETC、油、保险等折扣服务。加装了ETC的车辆可以实现不停车缴纳高速费，ETC的付费服务，可以帮助这些司机快速安装ETC设备，并且获取ETC的付费折扣。而油这项付费服务，指的是司机通过平台加油，购买油卡，也可以获得折扣。保险这项付费服务，指的是司机通过平台购买保险，可以得到折扣，并且理赔方式更高效。

（2）社区服务。在该出行公司的产品当中，提供了供司机使用的论坛社区，便于司机用户在社区里畅所欲言，互相交流。

（3）地图服务。在这个出行产品中，还有给司机提供的地图导航产品，便于司机快速到达目的地。

这里的多种付费服务都是典型的以收入为导向的销售服务玩法，所以在很长一段时间内，这些付费服务所使用的产品运营手段都是做打折销售和精准推荐。例如司机行驶到加油站附近时，App会向司机推荐加油的特惠折扣；将付费服务当中的保险和油卡进行打包销售。

在社区服务方面，平台尝试过很多以活跃用户为导向的典型玩法：

（1）制造司机用户容易回应的话题，这种容易回应的话题，一般以吐槽为主。当司机吐槽某个加油站、吐槽某地路况时，其他司机就非常容易产生共鸣，而且回复这样的话题也很容易以"点赞""支持老铁"等简单内容轻松刷屏。

（2）高质量的政策型、攻略型内容。

这家出行公司在地图服务上，也尝试过一些以活跃为导向的地图玩法：

（1）场景化导航功能，比如地图有白天与黑夜的场景，有三维地图与二维地图的不同场景。

（2）基于地理位置推荐付费服务，给其他付费产品导流。

以上种种业务模块的玩法，看起来没什么大问题，毕竟大部分公司都是这样操作的，当企业里有多个业务板块，每个业务板块都有各自的业务目标时，极有可能互相之间的节奏和重心无法关联起来。不仅没有办法形成合力，反而会互相抢夺资源。

所以，各个业务板块之间能够打通，能够在打通之后有一定程度的节奏和规划的协同，形成合力，是每个公司业务做到一定规模之后必须要做的事情。这件事情决定了企业经营的整体效率和整体节奏。

那么，好的打通和坏的打通有什么区别呢？

出行服务公司提供这三种服务：付费服务、社区、地图。在很多的出行App上，其实都有这三个功能。

通常的打通方法是：

（1）在司机容易停留的社区或者地图上做主题活动。进入主题活动页面，购买服务产品有折扣。折扣类型是常见的满减、打折、打包购买有赠送，等等。

（2）地图给其他产品引流。比如引导司机将定位转发到社区，引导司机在地图上选择附近的加油站加油等。

（3）消费有会员等级。消费对应的会员等级在产品服务商城里，可以得到更多折扣、赠品和积分。

这些都是不够好的打通，因为业务板块之间的协作不够充分，没有形成最大化的合力。那应该如何做呢？其实可以从三个角度来考虑：

（1）基于付费服务本身，什么是只有你能做，别人做不了的。

（2）基于社区，什么是只有你能做，别人做不了的。

（3）基于地图，什么是只有你能做，别人做不了的。

从以上三个角度，可以看看怎样重新思考这个业务的打通。

（1）对社区话题进行引导：比如如何以最低成本完成这一单？这一年如何通过该出行产品省钱？如何通过该出行产品每月多赚2万元？如何抢到更好的订单？在话题里就引入主线业务的产品和服务，这样可以使得社区内容具有不可以替代性。

（2）基于LBS的社区社交：以社交话题引导司机端用户发定位到社区，并且提醒同样位置的司机用户，附近有其他司机。毕竟司机长时间在封闭的车厢内，也需要排解孤独感，通过基于LBS的信息，引导司机社交，引导司机基于同一地理位置的线下碰面，帮助司机在使用出行产品的工作过程更快乐，也是这个平台的价值，这样的业务打通，更有利于司机端用户对平台的认同。

（3）会员等级打穿全部业务体系：会员等级不仅仅在购买产品服务的商城里有特殊的权益，还应当在产品中的每一个业务板块体现出会员等级。例如在社区发言时，有VIP会员的专属标签，也有VIP会员的特殊权益，像在社区内可以赠送虚拟礼物给其他用户；在使用地图导航时，普通用户只能看到自己的车辆和行程，可如果附近有高等级会员，普通用户也会被提醒附近有哪些高等级的用户，就像是百官出行时，路上行人的侧目；又比如在出行服务的主线业务里，高等级会员可以得到更赚钱的订单。当会员体系能够打通整个业务体系时，会员体系的价值就被放大了，而会员体系和业务之间所形成的合力也放大了。

产品运营新物种，是有成本思维的新物种。以成本思维去看待业务中的种子业务，思考如何联动不同的业务板块，形成合力。

9.2   所有动作都可以计算成本

每一个运营动作都是可以计算成本的。每一个想法的生成，在想法生成之后的策划，在策划完成后的一系列执行，每一步都是有成本的，即便没有为这个动作付出市场费用，但为之付出的时间，也会消耗人力成本。

所有成本支出的背后，是一个又一个的产品运营规划和执行动作。如何把所有动作都计算为成本呢？可以分三步走：

1 把每个项目拆解为最小项目

2 把每个最小项目拆解到时间和钱上

3 时间统计好后先乘以1.2，再乘以单位时间的人力成本

对运营动作计算成本的步骤

这里特别解释一下，为什么时间指标要乘以1.2，简单来说，进入工作状态需要

时间，切换工作状态也需要时间。开始工作时，总要有一小段的时间过渡，才能正式进入状态开始工作，所以这里乘以1.2，就是将20%作为进入工作状态所付出的过渡时间。

下面以一次电商大促活动为例，看看如何用上面提到的三步流程，为一个活动计算成本。

第一步，把项目拆解为最小项目：

（1）策划工作：策划活动的页面风格以及对应的展示内容。

（2）设计工作：1个网站落地页设计、3个网站首页Banner图设计、20个渠道图设计、1个移动端Banner图设计、1个移动端落地页设计。

（3）前端开发活动页面。

（4）选品工作：选择商品以及选择商品之后和商品供应商对接。

（5）渠道推广工作：基于活动主题，选择渠道和渠道沟通规划渠道投放内容和渠道投放节奏。

第二步，梳理每个最小项目所需要付出的时间和费用：

（1）时间：市场部的3人完成策划工作，预估合计花费60小时，设计完成全部设计工作预估需要15小时，前端开发合计5小时，商品的选品以及和供应商沟通合计6小时，渠道规划沟通合计5小时。

（2）费用1：基于活动目标，渠道投放需带来10000UV，预估花费10000元市场费用。

（3）费用2：预计500人参与活动，平均每人补贴200元，预估市场费用100000元。

第三步：时间统计好后，先乘以1.2，再乘以单位时间的人力成本，加上费用计算总成本：

（1）市场、商品选品供应商沟通、渠道投放工作合计71小时×1.2×50元/小时=4260元。

（2）设计师合计15小时×1.2×100元/小时=1800元。

（3）前端开发 5小时×1.2×100元/小时=600元。

（4）市场费用：渠道投放10000元+用户补贴100000元=110000元。

（5）其他潜在市场费用：用户消费后的积分可以兑换赠品，所以积分有现金价值，也是获得这个活动收入背后的成本，500人乘以客单价1000元，带来50万积分，等于5000元会员市场费用。

所有动作都有成本，当计算完产品运营方案的成本后，就可以评估投入的成本是否可以赚回来，赚取的杠杆是否符合预期。

当然，做完整个项目最小颗粒度的成本梳理后也要思考，投入的成本里有没有什么动作是没有赚钱杠杆的多余动作，如此便可以帮助我们以更高的效率获取收益。

9.3 勇于舍弃，建立优先级

成本思维提醒我们，所有事情一定要有优先级，不然容易迷失重心。要想建立优先级，首先要想清楚以下三点：

（1）从更根本的价值层面考虑，判断事情的价值，以刚需程度来进行优先级的排序。

（2）从更根本的价值层面考虑，取舍和判断价值与价值之间的不同，这时候有三个方法可以用：

- 以四象限法则进行价值判断：重要紧急，重要不紧急，不紧急不重要，不重要紧急。

- 以收益和成本的确定性来判断：收益是否确定，成本的支出和收益的获取的杠杆是什么。

- 以岗位效率进行判断：是必须要做的事情吗？团队有没有人比我更适合做？是否可以通过协作由其他人来做？

想清楚以上三点，就可以基于价值，明确优先级的选择。

成本思维所强调的优先级排序，最常用于产品的规划。

可以用以上思路来复盘微信上线所选择的功能迭代的节奏，所体现出来的优先级排序。

这里来设想一下，假如我们是7年前的微信产品经理，将会如何决策先上什么功能，后上什么功能。

假设你是7年前的微信产品经理，
将会如何决策功能排期？

接受QQ
离线消息

小游戏

QQ邮箱

两个手机
同网络
备份信息

扫描
二维码

手机
通讯录

小程序

文字输入

文字输入

朋友圈
评论

微信运动

语音对讲

微信
小红包

打标签

附近的人

备注信息

小视频

朋友圈

语音对讲

摇一摇

文字输入

微信产品规划

第一步：把需求进行分类梳理和优先级排序。

先把微信所有的功能总结为三种工具：沟通工具、关系链工具和活跃工具。

对于社交产品而言，最重要的功能肯定是沟通功能，以及能够沉淀用户社交关系的功能。有了用户的社交关系，才能有沟通的对象。

沟通功能和关系链沉淀功能具备了之后，才需要考虑怎样让用户更加活跃。所以，沟通工具和关系链工具是最重要的两个基础模块，活跃工具可以放在后面。

已知的微信功能，比如文本消息、语音对讲、接受QQ离线消息、二维码，其实都属于沟通工具的功能。文本消息和语音对讲是基础的沟通功能，接受QQ离线消息和二维码，是为了让信息的沟通更加顺畅。

在关系链工具模块中，有手机通讯录、QQ关系导入、附近的人和摇一摇。它们其实都可以沉淀用户的社会关系。有的关系黏性高一些，有的关系黏性低一些。其中手机通讯录和QQ关系的导入都是属于关系链沉淀的部分，附近的人和摇一摇属于关系链拓展的部分。

在活跃工具模块中，朋友圈以及微信里面的小游戏，就是典型的活跃工具。

梳理完这些功能之后，先来假设自己是微信的第一任产品经理，那么微信应最先完成的功能是什么？

工具类型	大模块	功能模块	优先级
沟通工具	1.1 沟通基础能力	1.1 文本消息	
		1.1 语音对讲	
	1.2 消息的流畅沟通	1.2 接受QQ离线消息	
		1.2 二维码	
关系链工具	2.1 关系链沉淀	2.1 手机通讯录	
		2.1 QQ关系导入	
	2.2 关系链拓展	2.2 附近的人	
		2.2 摇一摇	
活跃工具	3.1 UGC沉淀互动	3.1 朋友圈	
	3.2 更多玩法	3.2 游戏等	

*思考一下微信功能的优先级，填在右侧的横线上，再将书倒过来查看答案。
优先级顺序：　P0 P1 P1 P2 P2 P0 P1 P2 P3 P3 P3

产品功能分类

当然是文本消息和手机通讯录，主要考虑到几个很重要的原因。

首先微信是一个定位于移动端的产品，那什么样的社会关系是在手机端来做交流的？手机通讯录里面的好友关系，是用手机来做交流的。而在当时，QQ好友关系很多并不是用手机做交流的，所以导入手机通讯录更适合验证在移动端做这种社交产品是不是可行。

其次，导入QQ关系，对于微信而言并不是一件很着急的事情，因为想导入的时候通过内部协调就可以导入。微信当时还面临着整个市场迭代速度的竞争，比如当时如日中天的同类移动端沟通工具米聊。所以第一步要选择手机通讯录导入，QQ的用户关系是米聊没有办法导入的，所以要把手机通讯录这种更密切的用户关系先抢夺过来，再把QQ关系导入进来，这样就可以更快速地在微信上建立好用户之间的关系链。

然后，之所以先选择文本消息再选择语音消息，也是因为文本消息上线足够快，很适合拿来快速打入市场。

在上线功能中标注为P0优先级的文本消息和手机通讯录之后，P1优先级紧接着就规划了上线语音对讲功能和QQ关系导入的功能，包括和QQ关系导入相关的QQ离线消息。

在语音对讲、QQ关系导入、接收QQ离线消息之后，又上线了二维码和附近的人，方便扩展更多的信息沟通，也方便拓展用户的关系链。

再之后就上线了摇一摇、朋友圈和游戏。

实际上，基于微信的需求优先级的排期不难发现，产品在进行功能规划的时候，并不是百分之百按照优先级来进行排序的。在产品规划过程中，也需要考虑功能和功能之间的逻辑关系。比如"QQ关系的导入"和"接收QQ离线消息"，就是有逻辑关系的功能，虽然"接收QQ离线消息"从理论上讲，优先级并不高，但由于和优先级更高的"QQ关系的导入"紧密相关，所以也提前上线了。

事实上，微信整个版本的迭代正是按照前面分析的节奏来进行迭代的。它的1.0版本只有文本消息和手机通讯录。在1.0版本上线4个月后，迭代的2.0版本上线了语音对讲功能。又过了5个月，微信3.0版本上线了摇一摇功能。再过了一年多，才上线了朋友圈功能。

9.4　渠道成本的管理

渠道成本的管理同样是成本思维的应用场景，但这里应用的是对于渠道投放成本支出和效果达成的持续化的管理、调优，核心在于：资源配置提前做，目标成本持续管。

这就好比打游戏的时候，我们总是会定个目标，打哪个BOSS，获取什么装备，需要什么战术和配合。

渠道的成本管理也是如此，先有一个整体的目标，基于这个目标去拆解成多个子任务，在每个子任务之下，去细分每个子任务的目标和成本。然后在过程中不断复盘、优化，对投入产出比是否合理进行管理，同时不断跟进统计目标的达成与成本的支出，是不是一个符合预期、向好发展的状态，最后需要进行结项分析。

就以线上渠道运营为例，我们会在不同渠道投入市场费用，以此拉来新的流量。在线上渠道运营工作中，通常的工作流程是：

（1）定这个渠道的目标和成本。

（2）根据渠道的目标和成本，按照不同的时间段，拆分成阶段目标。

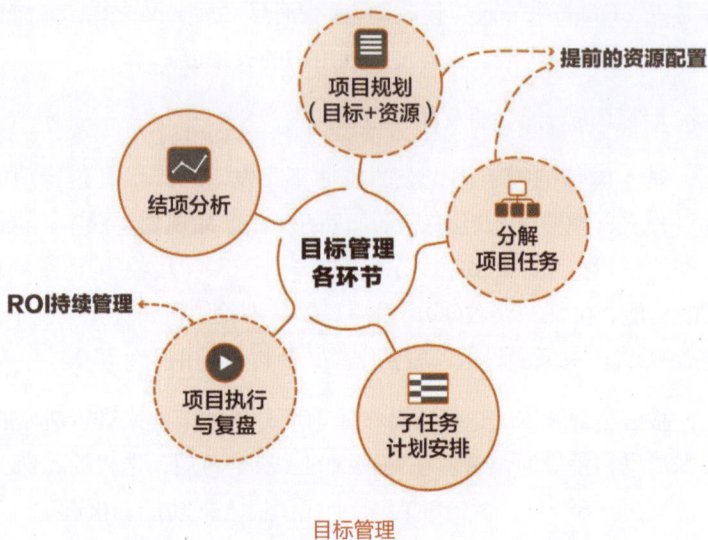

目标管理

之所以要拆到更细的时间颗粒度去设定目标，有两个原因：

第一，在渠道工作中，成本的投入和目标的获取并不是同步的。比如一个月前花钱在某个平台上打了广告，用户在看到这个广告之后来到我们的网站，但是他有可能没有在第一时间下单，反而是在来到网站断断续续浏览了一个月之后，才完成下单。

第二，渠道本身是持续波动的状态，只有以更细的时间颗粒度跟进渠道投放的成本和渠道带来的效果，才能及时调整渠道投放策略，以达到更好的渠道工作效果。

所以，要基于自身业务的特征来规划阶段性的成本，然后在过程中持续复盘渠道的数据，优化渠道的结构和投入产出比。

（3）到了年底的时候，做渠道投入产出比的全面复盘。这样可以更清晰地盘点和梳理投放是否合理，同时根据数据的趋势，为新一年的预算规划和业务目标定制提供参考。

以上三点对于不断优化渠道的结构和渠道投入产出比是特别关键的一环。

为了方便理解，这里举一个渠道运营的例子：

各渠道转化率：
A - - 5.4%
B 7.6%
C 6.2%

渠道带量构成

<
渠道带量构成调整后

B 19%
B 33%

某渠道的运营

从图中可以看出某产品的渠道构成。产品中用户的来源主要是A、B、C三条渠道。其中A渠道带量占比57%，B渠道带量占比19%，C渠道带量占比24%。从转化率来看，B渠道的转化率（7.6%）是最高的，A渠道的转化率（5.4%）是最低的。按照常规思路，肯定希望B渠道带来的用户可以进一步增加，占比越高越好，A渠道的占比越低越好，因为这样看起来渠道的投入产出才可以进一步调整为最佳状态。

但其实这样操作会引发一系列问题：

（1）在渠道拓展时，需要控制风险，虽然现在和B渠道合作得很好，但是如果有一天竞争对手买断这个渠道的所有量，就会全面斩断我们的用户来源，这个时候需要有渠道快速地把量补充起来。

（2）B渠道转化率虽然是目前最高的，但这些流量，有可能已经是B渠道能够带给我们的全部精准流量。如果扩大投放，很有可能转化率就会下降，所以当把B渠道投放无限扩大，转化率会相应地下降。

（3）渠道本身也是不断发展变化的，当年一条广告数万元的某大V倾刻间消失，当年效果一度很好的某搜索巨头转化率不断下降，所以B渠道转化率当下的好，不代表持久的好，始终要为产品储备更多可能的机会，避免吊死在一棵树上。

（4）并非转化率高的渠道才是好渠道，在第2章中曾经提到，触点累积以及触点上有效信息的曝光构成了品牌，而品牌在一定程度上会提升每一条渠道投放的转化率。所以其中A渠道虽然转化率低，但很有可能是由A渠道的价值特性决定的。如果A渠道就是流量曝光型的渠道，或者品牌提升型的渠道，虽然投放不能形成直接的转化，但A渠道的曝光可能提升其他渠道的转化率。

这也是在渠道投放的过程中需要不断复盘的重要原因。不仅渠道的转化率是波动的，渠道本身的能力也是波动的。只有反复分析梳理渠道的转化率和带量构成，才能给出基于当下的最优解。

所以，在做渠道投放时，需要不断地对渠道进行复盘，去判断整个渠道带量的构成是不是在持续提升杠杆，是不是持续处于成本支出的预期之下，达成更好的业务目标。

当有了成本思维，自然而然就要为每一件事情设定目标，规划成本。

划重点

回顾本章关于成本思维的内容，需要谨记4个要点：

❶通过创新思考，找到打通业务的最短路径。如果能用一个动作解决，绝对不用多个。

❷所有的成本都可以计算。

❸使用成本思维，勇于舍弃，建立起业务的优先级。

❹在渠道流量的投放管理中，通过成本思维，以更低的成本换取更高的流量。

第10章

/

营销思维

常常会有人问，运营和营销到底有什么区别？可以这样来看，企业经营的目标只有品牌和收入的增长，而产品手段和运营手段是达成企业品牌和收入增长的重要手段。这些手段需要做到：

（1）交付给用户好的服务。

（2）设计好的创意和内容。

（3）有效地累积用户。

只有做到了这三点，品牌和收入的增长才有了基石。而要做到这三点，就需要产品思维、数据思维、成本思维和营销思维的支撑。

营销思维是做好产品运营规划需要具备的底层思维。营销思维让产品运营方案呈现出的产品和内容足够有趣、有创意，同时还能引发用户的关注、参与和传播，可以说是我们的杀手锏。

很多人认为营销思维仅仅应用于策划精彩的广告、有爆点的活动，其实不然，营销思维与我们对产品、用户、市场、竞争关系的理解息息相关。营销思维、产品思维、成本思维、数据思维这四个思维体系叠加在一起，构成了能够给出一套完美方案的底层思维系统。

营销思维由两大系统构成：用户和企业之间的平衡系统、营销所应当产生的价值系统。

（1）用户和企业之间的平衡系统，这个平衡系统建设在外界势能的基础之上，因为营销本质上是在链接用户的需求和企业想要输出的价值，与此同时判断外界势能、选择适合企业业务的势能借力。消费势能即消费倾向性的变化，信息势能即整个社会关注的信息热点的变化。例如品牌年轻化就是典型的消费势能，而热点新闻、抖音热门产品就是信息的势能。势能和用户的选择紧密相关。

（2）营销所应当产生的价值系统，这个价值系统包括以下四个方面：

- 高性价比的产品
- 产品之外的惊喜感
- 产品调性所营造出来的氛围
- 容易被传播和理解的产品卖点

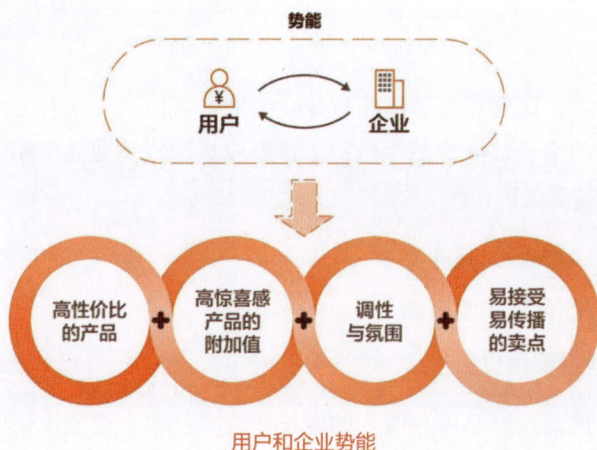

用户和企业势能

这两大系统之间的关系，简单来说是用户、企业以及势能系统决定了对营销方向的判断，而产品、附加值、调性氛围及卖点决定了营销动作的发力点。

10.1　寻找用户和企业之间的平衡点

10.1.1　以早教机构为例

营销就是融合用户想要的和企业想给的。

> 营销是红娘，把企业想给的，与用户想要的牵上线。

以某早教机构为例：这家早教机构有十几家连锁店，投入了非常多的资源和时间研发早教课程。

创始人表示花了很大的精力研究早教，希望能够教会家长如何正确陪伴孩子成长。

但创始人的观点和我们对90后妈妈群体的认知不太一样。对于90后这个群体，消费本身就是解决问题的方式。

所以在早教这件事上，也许90后家长在给早教机构付款的时候，认为自己已经解决了孩子早期教育的问题，未必真的从心底愿意通过学习早教内容来陪伴孩子成长。更何况现在年轻一代的消费者，更自我，更愿意把自己的时间省出来，让自己有更充分的时间去享受生活，而不是围着孩子转。

当然，在做业务判断时，并不能把自己的感受当作所有用户的感受。于是我们和这家早教机构一起对用户进行了一次调研，到底是什么因素让他们愿意将孩子送到早教机构来？

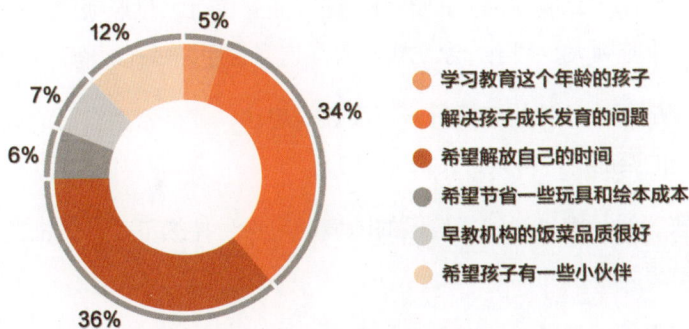

早教机构对用户的调研

通过调研结果来看，有36%的家长有"要给自己更多时间"这样的心思，希望解放自己的时间；34%的家长希望早教机构解决孩子成长发育的部分问题；12%的家长认为他们将孩子送进早教机构，是希望孩子有一些小伙伴；6%的家长希望节省玩具和绘本成本，毕竟在早教机构里，可以使用早教机构又多又全的教具和绘本，5%的家长希望了解学习如何教育孩子。另外还有一个之前考虑得不那么多的因素，7%的家长认为早教机构的饭菜品质很好，饭菜品质好不仅仅让家长有惊喜感，也是重要的软性配置。

我们发现在投票结果里，有36%的家长是为了解放自己的时间，而原本认为的用户买单的原因，即希望早教机构来解决孩子成长发育问题，占比是34%。另外，在创始人原本的认知中，认为这家早教机构需要输出的核心价值是教会家长怎么带孩子，但实际上只有5%的家长选择了这一点。

所以，在这个早教机构的业务执行中，企业想要交付的价值，和用户想要买单的价值是严重错位的。

之所以之前没有在业务层面体现出不好的结果，是因为早教这个领域竞争尚不激烈，虽然对家长的理解有偏差，但仍然十分用心做产品细节，所以餐食、早教内容、早教空间才如此深得家长的认可。

可随着这家早教机构的连锁店越来越多，整体的经营规模越来越大，企业到底要输出什么样的价值，就需要慎重思考了。

然而另外一家企业恐怕就没有这么好的运气了。

10.1.2　一家传统的本土餐饮品牌

下面来看一家本土餐饮品牌的案例。这家品牌也有大量连锁店，很多本地孩子在这家店里从小吃到大，甚至一家三代都曾在这家餐厅办婚礼、满月酒席。

这家传统的餐饮品牌的老板有一个很好的想法，就是希望自己的菜品永远不涨价，所以他们的菜品的价格只有人均30~40元。

但是这家餐饮品牌也遇到了自己的困境，用户量持续下滑，仿佛始终找不到用户量下滑的根源。

其实跳出老板的视角，站在用户的视角，这个答案呼之欲出。我们在餐厅吃饭吃的是价格实惠吗？也许几年前是，可现在已经不是了。我们之所以选择在餐厅吃饭，要不然是因为味道，要不然是因为环境，这两个被大多数消费者首选的因素，却没有被这家餐饮品牌的经营者放在他的业务规划里。反而消费者也许根本没有注意到的"菜品不涨价"，一直被他视为这家企业的核心价值观。

随着新消费、新餐饮的崛起，90后一代已经开始成为消费市场的主力。90后的消费者除了在意产品本身的性价比以外，更加在意产品的附加值以及自己在使用这个产品时的感受。

这家店因为始终坚持菜品不涨价，使得菜品的成本占比越来越高，没有充足的利润去优化用餐环境，改善用餐氛围。

"苍蝇馆子"在味道上做足功夫，忽视用餐环境是可以被接受的，但一家连锁的品牌餐厅还仅仅在味道和价格上下功夫，不在环境方面做升级改造，恐怕很难再打动现在的用户了。

后来餐厅也做了用户的访谈和调研，大部分的用户反馈其实来这里吃饭就是吃个工作餐，如果约朋友来这种环境一般、价格还特别便宜的地方吃饭会不太好意思。

这家餐饮企业，就是因为没有营销思维，没有找到企业想要传递出去的价值与用户想要的价值之间的契合点，从而错失了很多用户持续累积和增长的机会。

当在使用产品运营画布去策划和思考时，到底应该在触点上设置哪些体验、激励规则和产品策略，从而激发用户的频次/时长、转发和客单价这样的目标增长呢？很重要的一点是，我们在思考用户的场景时，不仅要从企业的角度去思考我们想要给用户的场景是什么，还要想清楚用户到底想要什么价值。

只有找到用户想要的价值和企业擅长输出的价值之间的契合点，才能营造出来最具说服力的场景。

这里最难的是用户想要的价值并非一成不变的。主流消费人群在变，消费的倾向性也在发生变化。我的外婆一直是一个特别勤俭节约的人，所以我一直认为和外婆出去旅游就是一趟省吃俭用的"穷游"，可有一天我问外婆能接受多少钱一晚的酒店，她和我讲出了"1000元"这个数字。这让我突然发现，其实人并非一成不变的，消费的倾向性会因为生活、心态和外界的变化而变化。

10.1.3　势能

如果想要从品牌经营者的角度，找到影响用户"想要的"变化规律，我们就不得不关注"势能"。

势能，是一个很重要的外部因素，它决定了我们跑步的方向是顺风还是逆风。

我们需要不断地判断势能，选择势能和借力势能。

最需要去判断、选择和借力的势能主要有两类：

（1）消费的势能

（2）用户关注的信息的势能

只有找到势能，找到用户和企业之间的平衡关系，借力势能，链接势能，才能找到那个能够四两拨千斤的营销发力点。

消费的势能通常指的是消费者在发生着什么样的消费倾向性变化，而用户关注的信息势能就是我们常常提到的追热点。追热点更多是术层面的工作，本书不再赘述，只说说消费的势能。

从消费的势能来看，关键有两点：

- 消费的场景化

- 消费者的年轻化

消费的场景化，是伴随着消费升级而来的用户需求升级。其实很难说用户的需求是被机智的企业创造出来的，还是一直隐隐存在，被企业引导出来的。

现在的用户不仅仅为消费的产品买单，同时也在为消费时所营造的场景买单。吃饭吃的不仅是食物，还有环境。比如精致的装修环境，也可能是更独具特色的服务，歌手的轻歌曼舞，或者是餐厅里淡淡的香味。消费的场景化，不仅为用户提供明确的产品，也为用户营造一种只属于这个品牌的消费感受。

消费者的年轻化，是各个行业不断关注的重要趋势，00后消费报告、95后消费报告等报告传递出的信息，不断冲击着各个企业和品牌对消费者和产品的理解。

消费者的年轻化主要体现在以下几个方面：

（1）年轻一代的消费者，更愿意在不同的消费场景下购买同种商品。即便是同种商品，需要带给他们不同的感受才能营造不同的场景。例如雨伞，如果是初夏的雨天，就应当打着一把清新颜色的雨伞，如果是冬日的雨天，就应当打着一把格子纹路厚厚布料的雨伞。

（2）年轻一代的消费者，更喜欢直接用消费来解决生活中的问题。要打扫卫生，花钱请阿姨来；做晚饭后要洗碗，花钱买个洗碗机；要成长，就去买个付费课程。

（3）年轻一代的消费者，更关注个性化品牌。他们不一定拒绝那些传统的大品牌，但他们会更愿意拥抱那些给自己个性化感受的小品牌。

随着供应链能力的升级，定制化、个性化产品的生产成本下降，年轻一代的消费者使用个性化、定制化产品服务的可行性也提升了不少。

现在线上线下的商场都出现了很多设计品牌，这些设计品牌的美，中产阶级未必理解，但是这些品牌却有很多忠实的年轻用户来光顾，不由得感叹，这是一个适合小众产品生长的时代。

除了消费的场景化和消费者年轻化以外，这个市场暗潮涌动。有关注势能的意识，才能将势能有效地和当下的营销要点结合起来。能够把握住消费势能，就可以将营销思维融进体验、激励规则和产品策略的设计中。

体验、激励规则和产品策略在企业营销思维中，通常体现为：

（1）高性价比的产品。

（2）高惊喜感的产品附加值。

（3）交付给用户的服务、调性和氛围。

（4）让用户易接受和易传播的卖点。

其中高性价比的产品、高惊喜感的产品附加值、调性和氛围与产品运营画布中的"体验"这个要素息息相关，高性价比的产品则和"激励规则"这个要素息息相关，易接受和易传播又和"激励规则"和"产品策略"这两个要素都相关。

带着营销思维落地的产品运营画布一定具备更强的传播力和惊喜感。

10.2 如何营造高性价比的产品

现在的用户在意的往往不是价格，而是性价比。如果要做到高性价比，必须进入产业深水区。

名创优品的CEO叶国富曾经分享过，名创优品之所以可以不断地做出高性价比的产品，是因为名创优品在供应链花费了大量的精力和金钱。名创优品找到这个品类头部的工厂，提前预付现金，共同讨论如何用技术水平提升产品质量、降低成本。通过资金链运作，形成集中采购的资金优势，将原材料采购的成本压下来。要做到这一点，就需要名创优品的团队花费大量时间了解生产工艺、生产流程、原料采购，只有进入产业深水区，深入了解生产过程的技术细节、资源细节、流程细节，才能以最合理的成本拿下产品生产环节，附加顶尖的生产技术和有质感的设计，形成一款能摆放在名创优品货架上的高性价比、高颜值的产品。

现在，已经有越来越多性价比高、品质很好的线下店铺，也有越来越多类似网易严选、小米有品这样的平台在整合好商品。这些好商品之所以能够得到用户的青睐，就是因为它们在产业深水区深耕细作，做到了产品的高性价比。

企业在生产环节，其实很难快速做出改变，但并不代表我们在产品性价比上难以作为。产品性价比在用户的感受里，是由很多因素促成的。可以尝试以下做法来提升用户的性价比感受。

（1）赠品

如果要让产品显得更划算，简单的做法是给附赠品。之前有个淘宝店铺，虽然用户只买了一件产品，但寄过去的包裹里面有十几件小赠品，这一下就让我觉得性价比好高。当然，赠品的方式不一定适用于所有品牌，我们要从品牌所展示的调性上，慎重选择是否以赠品的方式给用户高性价比的感受。

（2）花心思的设计

花心思的设计一定是无法省去的，一个好的设计会为产品的价值赋予没有上限的增量，名创优品、优衣库、小米都是很好的案例。

（3）配套好的贴心服务

配套好的贴心服务，会为产品价值赋予更多增值意义。虽然海底捞比大部分火锅的单价都高，但是海底捞以无与伦比的热情服务，获得了广大消费者的认可。

如果企业的生产环节性价比难以改变，那么就在赠品、产品的"颜值"和服务层面好好花力气。如果产品的性价比没有更多可以发力的空间，可以结合营销思维，看看能不能做出高惊喜感的产品附加值。

10.3 如何让产品拥有高惊喜感的附加值

高惊喜感的产品附加值，很多时候其实和高性价比的产品服务增值是一回事，之所以把它单独拿出来划重点，是因为在这件事情上的确有很多可以"玩"的空间。

熊猫不走蛋糕品牌就做得很有意思，送蛋糕的服务员会在收蛋糕的用户面前载歌载舞，为收蛋糕的用户带去更多欢乐。

而典型的线上产品也可以营造这样的惊喜感。比如像我们都很熟悉的微信对话，如果要给微信的对话增加一些惊喜感的设计，例如，对话以圆形泡泡发出来，迟迟没有人回复的时候，这个圆形泡泡可以在原地跳一跳，显得非常焦急的样子。

当然，微信在产品设计中已经埋上了惊喜感的元素了，例如发"么么哒"会出现满屏的亲亲表情。

线下的服务类型的产品，要打造这样有惊喜感的产品附加值就更加容易了。尤其是会玩创意的餐饮门店层出不穷。原本饮食文化就包罗万象，很容易玩出花样，玩出产品附加值的惊喜感。

比如旁边这张图就是很多火锅店都在纷纷效仿的一种方式——吃火锅前的剪彩，利用此方式给产品带来一种吃火锅前的仪式感，这是一种高惊喜感的附加值。2019年4月，成都本地一家很有知名度的餐饮品牌有拃头，也做了件很有意思的事情。

锦外火锅小馆案例图

在有拃头的餐厅，做了很多有年代感的布置，例如老旧收音机、老水壶、像砖头一样的大哥大，以及在上个世纪七八十年代街头常见的老桌子、老椅子，另外还有深绿色的老窗棂。如果用户穿着有年代感的衣服前来，餐厅还可以帮忙拍摄有年代感的海报照片。

现在的人吃饭前，"让手机先吃"几乎是聚餐的标配动作，如果餐厅能够以更专业的摄影设备，拍下更有融入感的有趣照片，简直就是再好不过的产品附加值了，也会给用户带来超级惊喜感。

当然，惊喜感很大程度上也和我们想要给用户营造的调性和氛围息息相关。

有拃头"重返老成都"案例

10.4　调性和氛围

所有的产品都可以被裂变吗？

所有的产品都可以网上做宣传促销吗？

所有的产品都可以通过赠品的方式来拉动用户性价比高的感受吗？

不是。这些操作很有可能会影响品牌的调性和氛围。

大家可以设想一下，那些排着长长队伍的网红店，如果突然开始在网上做裂变活动、促销活动，还有人愿意去网红店门口排队吗？

用户很容易产生这样的"自我说服"心理，即对于辛辛苦苦得来不易的东西，通常会努力说服自己，这个东西值得自己付出这样的辛苦，明星的签名照值得等待，排队买来的奶茶值得等待。

所以有些看起来很常见的运营行为，会影响品牌的调性。那怎么去营造一个品牌的调性呢？这和品牌想要设定的"人格"有关。这里引入一个品牌原型理论，这个理论最早由美国学者玛格丽特·马克和卡罗·比尔森提出。他们认为，有生命力的长寿品牌是具有人格原型的。他们把品牌人格划分为12种调性：

创造者	统治者	照顾者	弄臣
创造新的东西 例如微软	发挥控制力 例如美国运通	照顾他人 例如大姨妈	快乐一下 例如杜蕾斯
凡夫俗子	情人	英雄	亡命之徒
自在地做自己 例如facebook	寻找爱并爱人 例如香奈儿	做出勇敢的行为 例如耐克	打破规划 例如苹果
魔法师	天真者	探险者	智者
蜕变 例如Uber	维持和重塑信仰 例如麦当劳、可口可乐	保持独立 例如Discovery频道	了解周围世界 例如知乎

品牌的12种调性，源自玛格丽特·马克和卡罗·比尔森

遵从品牌的调性、尊重品牌本身就有的人格属性是很重要的一件事情。我们需要为用户和消费者营造出来的氛围，就源自品牌的调性。很多线下空间的氛围，原本就是线下服务空间调性的延伸。比如网红店铺，我们走进去看到的最大感受就是美。

不同的店有不同的美，有的是粉红公主的氛围，有的是清新的大自然的氛围，有的又是北欧的简单但有品质的氛围……其实氛围就是店铺的调性，也是品牌人格的外化方式。氛围这种外化方式，是需要十分重视的调性维度，它在用户体验产品服务的场景中，是最容易被用户感受到的一种品牌调性的表达方法。当思考应当给用户展现出来什么氛围的时候，可以启动产品运营画布工具中的"场景"这个要素。

- 用户应当在什么样的场景下？
- 怎样使用我们的服务？
- 有哪些特别关键的触点？
- 在这个触点上应当给用户什么样的体验？
- 这样的体验和品牌的调性相加，应当给用户什么样的氛围？

以之前服务过的一家眼科诊所为例，大部分用户是在爸爸妈妈的带领下来到眼科诊所的小朋友，爸爸妈妈担心小朋友的眼睛有问题，或者小朋友眼睛已经近视，所以需要到这个眼科诊所进行检查。在检查的时候，诊所需要提供非常专业的感受和体验，同时让小朋友感受到有温度与亲和力的氛围。

所以从品牌人格化角度出发，应当选择偏"照顾者"这样的人格，营造出来一种有专业能力，也同时愿意照顾其他人的品牌调性。在氛围上，为了外化这种品牌的人格调性，眼科诊所里需要设计很多贴心的细节，例如大椅子和小椅子摆放在一起，小玩偶手牵手坐在椅子上，同时通过许多软萌的装饰物营造出来一种照顾者的氛围，等等。这些布置细节，都是为了营造出温馨亲切、有温度的氛围。

当然，氛围不仅仅是空间布置，也要体现在服务的过程当中。服务过程中专业性必不可少，在这里，眼科诊所的专业医生和护士绝不能简短描述眼睛的状况，而是要非常清楚地从原理、预防、注意事项说起，将前因后果，影响因素说清楚，以更全面的信息打消家长心中的疑问。

调性和氛围是一种主观的感受，并非客观判断，无法依葫芦画瓢地去设计。到底应该给品牌营造什么样的调性和氛围，在更多时候是感受与感受之间的差别，营造这种差别十分考验操盘者的手感。

在调性和氛围的营造上，我们只有不断地去看更好的作品、更优秀的案例，去思考这些优秀案例背后的调性和氛围，不断去分析、跟进尝试之后的用户使用和用户反馈,才能掌握通往适合自己品牌的调性和氛围的不二法门。

10.5　制造用户易接受和传播的卖点

产品运营的方案内容,到底以什么样的文案落地,文案中凸显什么样的卖点,其实很大程度上决定了产品运营方案的效果。

要做到易传播,就要好好思考产品运营画布中的要素——激励规则和产品策略。"什么样的激励规则可以快速激发用户的传播""什么样的产品策略可以让用户帮我们传播的时候更轻松一点"是必须思考的问题。

同时,易传播的卖点一定是易接受的。所以,要做到易传播的卖点打造,不仅仅要考虑怎么设计激励规则,怎么设定产品策略,还要思考如何筛选出易传播的卖点。

在总结卖点时,有这样的建议:

(1)功能越是不确定的产品,越要选择更客观的卖点。

(2)功能越是确定的产品,越要选择更主观的卖点。

比如像大众点评这样的产品,是功能非常确定的产品,即通过大众点评的信息展示,快速找到想要的餐厅和服务,同时还有折扣。如果在推荐大众点评时,仍然使用这些很客观的卖点去做推荐,"大众点评有实惠",这样还能够吸引用户的传播吗?难!

功能明确的产品需要选择更主观的卖点,大众点评需要选择的是偏主观的卖点,这样更能引发用户对卖点本身的认可。

又比如女性们常用到的保湿面霜,如果用更客观的卖点来描述,可能会是海底两万米萃取的一粒某因子才制成了这瓶面霜;如果用更主观的卖点来描述,可能会是变美变漂亮,做更好的自己。可对于面霜这种功能不明确的产品,是需要说服用户相信功能不明确的地方的,更客观的卖点反而更有说服力和传播力。

所以功能越是不确定的产品,越要选择更客观的卖点;功能越是确定的产品,越要选择更主观的卖点。

与此同时，结合产品运营画布中的激励规则和产品策略，可以让用户更有传播的动力，也有传播的便利性。

可以说营销思维和产品运营画布有着密不可分的关系。在营销思维的两大系统中，很多重要的思考方式需要产品运营画布来支撑。产品运营画布如果要产出一个有调性、有内涵、有传播力、有附加值、有惊喜感、有创意的好方案，离不开营销思维在其中发挥的巨大作用。

产品运营画布是法，营销思维是道。道支撑着产品运营画布可以在不同的产品运营人手中花样变幻，产生奇妙的化学反应。

未来，产品运营新玩法

随着供应端优质高效的产能与日俱增，非常个性化的年轻一代用户群体崛起，小而美的品牌焕发出新的生机，整个市场的竞争也愈演愈烈。

原来靠一招制胜的历史一去不复还，当下及未来，我们能够活下去，能够取胜，所依赖的都是系统化建设的能力，以及在整个经营系统中产品和运营能力的协作与合力。

所以，我们会发现，当下公司不论是对产品人还是运营人，其实要求的都是越来越全面和系统化的思考。

从产品运营画布来说，我们会发现有的要素开始变得愈发重要。

场景和触点

现如今，太多信息、产品和服务在抢占用户的注意力，谁能够在用户接触的第一个瞬间，快速将一个场景植入用户的大脑，说服用户"选择我"的必要性和正确性，谁就更有可能得到这个用户。

所以场景和触点变得愈发重要，场景是否足以说服用户，触点是否能够被品牌方明确地筛选出来，然后在触点上竭尽全力放大可能对用户产生的吸引力，这一切都考验着我们是不是能够把营销思维和数据思维有效结合，找到那个最大的可能性，也考验着我们是不是能够把成本思维和产品思维有效结合，找到那个对用户最有可能留下深刻印象、最有可能转化用户的触点。

现在内容的表达形式在快速地发生变化。未来还会出现什么？身处这个行业，一定要关注更多新的内容承载形式怎样和现有的场景、用户群体更好地结合在一起。

2019年是5G的商用元年。这一年，内容承载形式成为最热门的话题之一，很多机构开始重金投入信息表达方式更多元、承载内容更丰富的内容形态。

写到这里，我想到刘慈欣2004年发表的中篇小说《带上她的眼睛》中的情景。在故事里，男主人公向主任申请短暂的旅游，主任答应了，但条件是带上一双眼睛去，眼睛的主人是一名年轻的女领航员。

这双眼睛其实是一个眼镜，可以将看到的一切传输给远离地球工作的同事。钦佩于大刘的想象力，这个故事在5G商用后，极有可能成为现实。5G时代的直播工具，可以VR眼镜实时传输全景画面，展示播主眼前所看到的一切。

从场景这个角度出发，新的技术手段除了5G以外，当然还有可能有其他技术手段带来的新场景。2018年七夕节，百度做过一个在区块链上表白的活动。这个活动利用了区块链这项技术不可篡改、永久留存的价值营造出一种场景——如果你想要有一生一世不可更改的事情，请放到链上来。

渠道

从渠道流量工具来说，我们会发现不断关注新的渠道类型变得越来越重要，与此同时，渠道的投放节奏和策略也开始变得越来越重要。

我想，这些年很多互联网从业者都感受到了几次流量洼地的机会。

从最开始的微信公众号到微信社群经营，再到在微信中以裂变和分销方式形成的用户累积，近年抖音、快手、微博短视频、B站等新短视频工具的崛起，聚拢着用户的关注。用户在哪里，流量就在哪里，身处这个行业，不断关注新的流量洼地可能出现在哪里，是必须不断思考和发现的问题。

另一方面，为什么渠道投放的节奏也越发重要呢？

因为用户越来越清楚自己要什么，决策也越来越理性。用户不会像以前那样因为品牌方在CCTV上投放了一个广告就构成了对这个品牌的信任，不会因为一个明星或者网红的三言两语就立刻种草并形成转化。

所以先投放对用户说服能力更强的渠道，先投放更容易被说服的那批精准用户，在渠道投放的节奏中占据日益重要的位置。而什么节点引入用户去说服用户，更容易形成用户的转化，以及制造用户主动去说服的动力，在渠道投放的具体节奏里，同样关键。

总之，过去那种粗犷又豪气云天的渠道投放，再也无法收到想要的效果。在当下，精细化的渠道选择和投放节奏的选择都十分重要，成本思维和数据思维帮助我们更精细化地去做好渠道的选择和节奏的设定。

人工智能和大数据对于渠道的精准投放，让效能得到极大程度的提升。现在大多数公司已经有了数据意识，知道跟踪用户的曝光量、渠道导入的用户数以及渠道导入的用户质量。

少部分具备算法优势与能力的公司，能够在有技术打通的渠道上针对用户做精准推荐，给予不同用户差异化的内容，然后吸引用户到来，提升转化。

未来，会有越来越多的渠道可以和品牌进行数据和技术的打通，对用户做更直接、更精准的预判和下单。

例如2017年，小米冰箱联合KFC做过一次很有意思的尝试——"会叫鸡的冰箱"。在云米智能冰箱中植入肯德基订餐模块，再将肯德基宅急送线下送餐平台与云米冰箱智能点餐平台进行数据及技术互通，实时对接用户地址，确保送餐时效性。当消费者身处家庭场景且肚子饿得咕咕叫时，都会惯性地冲向厨房觅食。正在此刻，看见冰箱上弹出的广告，也许用户就立刻倒戈了。在冰箱这个关键触点上，用户选择了另一条获取食物的路径，完成了外卖的下单转化。

其实这就是一个使用了新场景、使用新数据形成的新渠道，过往冰箱只是冰箱，可未来冰箱可以成为外卖的渠道。

同样的，智能家居产品也会成为很多日常家居消耗品的渠道。或许未来我们的马桶会根据卫生纸剩余用量，自动在全网搜索我们所喜欢的卫生纸品牌，在售价最低的电商网站进行下单。如果为了避免马桶错误判断，甚至还可以为它设置一个全年买纸的预算上限。未来的洗碗机和洗衣机，也可以根据洗涤剂消耗情况，自动提前1个月左右开始全网搜集常用品牌中最低售价的购买渠道，为我们补充这些日常家居消耗品。

其实这些日常家居消耗品对于家庭的消费决策而言，的确不是重要决策，也完全可以委托给智能家居产品来代办。未来，人工智能和大数据能够为我们的生活带来极大的便利，也许小米、格力、海尔这样的家电品牌都会成为家居快消电商最大的渠道，因为他们可以触达最精准的消费人群，甚至可以替代人类做出消费决策。

除此之外，现在的时代还在悄然发生着一些变化：

（1）从产品到服务

（2）品牌不等于品牌

（3）从流量到流量池

（4）从增长到体验

从产品到服务

过去我们总在说产品，但其实产品是一种非常不完整的表达形式。因为当在面对用户的时候，用户所感受到的不仅仅是产品，还有我们提供的价值。

这个价值，称之为服务更为合适。

比如滴滴是一款产品，可用户从滴滴得到的绝不仅仅是打车这样一个简简单单的功能，从开始打车那一瞬间，车辆是不是可以准确抵达，需要用户等待多少时间，车内是否整洁，司机的沟通与服务态度是否足够好，是否有让用户安心的安全保护措施，以及最终结算价格是否有优势，这些都是用户在滴滴得到的价值，它们决定了用户对滴滴这款"产品"到底有什么样的评价。

所以我们不再简简单单地看产品即产品，以服务的角度去看待和优化我们的产品，已经成为更重要的视角。

产品服务化，服务产品化，是未来每一家公司需要持续完善的重要工作，以此向用户交付更完整的价值。

品牌不等于品牌

在互联网初期，竞争不如现在激烈，品牌和产品业务之间也非常割裂。产品生产完成，接着上线，再进行一系列品牌推广。

现在的品牌工作不再是传统的品牌工作了。就像本书前文提到的重要的关键词——触点。我们和用户接触的每个瞬间，触点都是在向用户传递着品牌。

这里的触点不仅仅是以前的广告媒体，车厢、电梯、产品本身、客服沟通、网站、快递箱、穿着公司制服的员工，等等，这些都构成了品牌和用户之间的触点。品牌在这些触点上表达的所有信息，构成了品牌传递的价值。

用户所认知的品牌传递价值，就是品牌，正如第2章中提到的公式：

$$触点的数量 \times 触点传递的有效信息 = 品牌$$

举个例子，穿梭在大街小巷的顺丰快递员、京东小哥会有自己非常优质的制服，美团外卖、饿了么、百度外卖小哥也穿着印有自己品牌大Logo的衣服在马路上飞驰，这些衣服，成为构成品牌和用户之间的触点的重要连接。

或许我们总看到美团的外卖小哥在办公楼下穿梭，当有一天想点外卖的时候，脑海里最先浮现出的就是刚刚在楼下看到的美团小哥。这个时候，就会第一时间打开美团App下单。

> "
> **请谨记，用户的心智就是品牌。**

从流量到流量池

流量池可谓是2018—2019年最流行的话题之一，也是无法避免的话题。

那流量与流量池之间的关系是什么？

我认为流量池是流量的一个部分。这部分代表的是对品牌所提供的服务价值有认知、和品牌之间有连接点的那批用户。

所谓对品牌所提供的服务价值有认知，就是知道这个品牌是干什么的。和品牌之间有连接点，就是品牌可以在需要的时候，将想要传递的信息传递给用户。

现在已经没有公司只要流量了，大家真正想要的是建设自己的流量池，让自己的流量池拥有生长和繁衍的能力。

从流量到流量池，要去判断用户和我们接触的不同触点里，哪些是我们和用户的信息传递效率更高、黏性更高的，哪些是效率相对低、难以再找到用户的触点。与此同时，还要将用户从黏性相对低的触点引导到和黏性相对高的触点上。

为什么一个微信公众号会出现连续不断的"10W+"爆款文章，除了文章本身的高质量以外，还有就是微信公众号拥有自己的流量池。那些关注了公众号的用户，一起构建了公众号的流量池。正是因为有这样的流量池存在，才有源源不断产生"10W+"爆款文章的可能性。所以公众号里常常会出现一个有趣的现象，有时候同一篇高质量文章，原创作者的文章阅读量一般，但转载的大公众号却产生了"10W+"的阅读量。

今天，不少传统企业对未来充满焦虑，认为自己正处在一个身如转蓬、无依无靠的转型时代。它们焦虑的根本原因并不是互联网的生产效率更高，而是他们过去总是通过渠道经销商去触达自己的用户，始终没有构建出属于自己的流量池，继而始终被成长与盈利的焦虑所困绕。

在流量如黄金的时代，构建属于自己的流量池，成为企业工作中非常核心的点。

从增长到体验

随着流量越来越难以获取，很多公司已经发现，用户量的累积越来越难，可单用户的价值还有很大的空间可以挖掘，如果要让单用户的价值得以更大程度地放大，对用户体验的极大满足必不可少，正因为此，体验是产品运营画布工具中非常重要的因素。

体验这种玄而又妙的东西，何以有计划、有方法地做到更好呢？

（1）加强体验感的系统性。

其实是可以系统打造体验的，维度有两个：不同分层的体验和不同流程环节的体验。

体验是分层次的。例如本书的观点是本书最核心层次的体验；文字的易读性是本书次核心层次的体验；书的纸张质量、印刷质量是第二层次的体验；书的封面设计、购买图书的便捷程度以及书的定价，构成了更外围层次的体验。

体验也是有环节和流程设计的。简单来说，流程就是体验的路径。读者可能在不同的场景下购买了本书，在买书时，阅读时，扫描书中二维码时，阅读完本书之后，都是基于这本书的体验，这些都是作者和图书编辑需要去重点策划的体验环节。

有了分层次的体验的梳理，才能将更多的精力资源放在更核心的体验层次，有了分层次和分流程的体验的梳理，才能交付更完整、更系统的体验。

（2）加强体验的超越性。

体验要成为好体验，就必须超越用户的预期。本书第2章已经在体验的要素环节列举了种种优秀的案例，这里就不再赘述了。想要再次强调的是，体验=惊喜感×可覆盖的量级×迭代速度。

体验与惊喜感、惊喜能够覆盖的量级，以及惊喜能够迭代的速度都是息息相关的。

而要实现惊喜感需要有营销思维的支撑；要能够覆盖客观的量级，需要有产品策略的支撑。

（3）跟踪体验的非实时性。

实际上体验是非实时的，用户体验了服务之后，可能需要很长时间才能够形成对体验的评价。一方面因为用户需要对比，才能够形成评价，另一方面，用户并不能第一时间感受到体验带来的价值，而是需要过一段时间才发现这个服务更新，带来了更好的效果，从而形成对体验的评价。

所以要打造更好的体验，需要跟踪一段时间用户对体验的感受和评价，不能仅仅依据用户当下的评价，就形成对体验交付的结论。

以上体验的系统性、非实时性观点都来源于场景设计大师相辉先生。

产品运营人的能力要求

时代与市场的巨变，技术的高速发展，对我们的产品人、运营人、市场人、营销人，提出了更多更新的工作标准。未来，我们需要拥有产品+运营的跨界能力，也需要有新渠道、新技术的知识迭代，同时也要求我们拨开现象看本质，拥有终局意识。

而这些正是本书写作的出发点。希望读者们带着这套产品运营画布和渠道流量工具，在未来的工作中不出局。

最后，这里专门列出了一些工作中会用到的工具，用来更好地提高工具效率：

- 数据工具：神策数据。
- 数字营销工具：致趣百川。
- 新媒体工具：135编辑器、秀米编辑器（可做H5）。
- 海报设计工具：创客贴。
- 用户调研投票工具：麦客表单。
- 社群工具：WeTool、进群宝。
- 打卡工具：鲸打卡。
- 产品原型设计：Mockplus摹客。
- 公众号工具：西瓜数据。
- 任务协同工具：Tower、Teambition。
- 流程图：ProcessOn。